Moderne Gartengestaltung

Das große Ideenbuch

Moderne

Text Ulrich Timm *Fotos* Gary Rogers

Gartengestaltung

Das große Ideenbuch

Moderne Gartengestaltung

Moderne Gartengestaltung

Steine, Wasser, Pflanzen

Wasser im Garten kennen und nutzen wir in der Regel in Form von Brunnen, Bächen und Becken, Fischteichen oder Swimmingpools. Nur zu selten setzen wir die Ruhe des Wassers ein – und seine Spiegelung. Natürlich kann die Oberfläche eines Teiches ein reizvolles Spiegelbild bieten, aber das sollte nicht alles sein ...

Der Garten

Vieles, was unser Planet Erde bietet, findet sich in diesem Gartenausschnitt. Steine, Wasser, Pflanzen. Dies ist vielleicht nicht sehr originell, aber die Art der Zusammenstellung ist es schon. Und die Art der Präsentation ist es auch. Zweimal Steine, als Kalksteinschotter und geschieferte Platten. Das ist schon etwas Besonderes, wie die kleinformatigen Quarzitplatten das sumpfige Beet im Wasser abdecken und durch das Übereinanderschichten eine interessante Formation darstellen. Zweimal Wasser, als 50 cm schmaler Kanal, der durch das Beet entstanden ist, und dahinter als größere Teichfläche, und zweimal Pflanzen. Zum einen die mehrstämmige Felsenbirne (vorn) und zum anderen die hübschen Japanischen Sumpfschwertlilien (*Iris ensata*). Herrlich, wie ihre langen, schmalen Blätter zwischen den sorgsam gelegten Plattenschichten herauswachsen und sich in dem schmalen, ruhigen Gewässer widerspiegeln. Nicht spektakulär, sondern einfach nur harmonisch schön.

Garten-Design Christopher Bradley-Hole, London, GB
Ort London, GB

Alte Wurzeln, neues Konzept

Schon die alten Griechen schätzten Buchsbaum und auch heute zählt der immergrüne Strauch mit dem festen Holz zu den bekanntesten und beliebtesten Pflanzen, obgleich er fast nur unsichtbar blüht und seine Blätter Alkaloide enthalten, also leicht giftig sind. Buchsbaum gefällt als Beet-Einfassung im Bauerngarten und im größeren Stil als wichtiges Gestaltungselement in den französischen und italienischen Schlossgärten der Renaissance. In neuerer Zeit wurde Buchsbaum durch den belgischen Landschaftsarchitekten Jaques Wirtz in eine neue Art der Verwendung und Bekanntheit geführt. Er schuf immergrüne, meterhohe lebende Skulpturen aus Buchsbaum, die von Hand in Form gebracht und „komponiert" wurden.

Der Garten

Diese Anlage wurde von zwei Garten-Designern für das englische Magazin „Gardens Illustrated" konzipiert. Der Holländer Piet Oudolf, für seine modernen Kompositionen mit Stauden und Gräsern international gerühmter Landschaftsarchitekt, und Arne Maynard, der englische Garden Designer, der für gefühlvolle, ideenreiche Entwürfe bekannt ist. Sie schaffen hier eine Kombination von Buchsbaum in verschiedener Verwendung. Außen die lebendig gestaltete Hecke aus alten, bereits rund geformten Buchsbäumen, die hier dicht aneinandergeschmiegt zu einem wolkigen Gebilde arrangiert wurden. Dazu bietet der Innenteil einen starken Kontrast. Das Kernstück bilden vier hintereinanderliegende, immergrüne Quader, die ebenfalls aus Buchsbaum bestehen. Jeweils im Zentrum ist eine Wasserschale aus Edelstahl eingearbeitet. Es entsteht der Eindruck, dass Buchsbaum und Schalen eine Einheit bilden. Während der wolkige Buchsbaum im Hintergrund locker im Wuchs ist, sind die streng geschnittenen Formen in der Mitte dank zwei, drei Schnitten pro Jahr kurztriebig und damit sehr fest. Oudolfs Einfluss wird bei den Stauden wie Astrantien, Salvien und Spornblumen sichtbar, deren Blüten vor dem Immergrün für eine willkommene Unterbrechung sorgen.

Buchsbaum: Die besten Arten und Sorten, Tipps

- *Buxus sempervirens* var. *arborescens* ist die altbekannte Heckenpflanze. Sie wächst schön dicht. Da Buchsbaum sehr alt werden kann, kann er gut vier Meter hoch werden, wenn er ohne Schnitt bleibt.
- *Buxus sempervirens* 'Blauer Heinz' hat schönes, dunkles Laub, wächst langsam und gedrungen; ist unempfindlich gegen Krankheiten.
- *Buxus sempervirens* 'Rotundifolia' ist eine sehr gute Sorte mit rundem Laub, anspruchslos im Schatten und – gut eingewurzelt – bei Trockenheit.
- Tipps: Der beste Zeitpunkt für den alljährlichen Rückschnitt ist Ende Mai und Anfang Juni. Dann werden die neuen Triebe bis ins alte Holz gestutzt. Starkes Absterben von Triebspitzen und unter Umständen der gesamten Pflanze entsteht durch Pilzbefall vor allem am Einfassungsbuchsbaum (befallene Zweige gleich entfernen). Der Buchsbaumfloh, ein häufiger Schädling, verkrüppelt dagegen „nur" die Blattspitzen.

Garten-Design Piet Oudolf, Hummelo, NL, Arne Maynard, London, GB
Ort London, GB

Essen ist fertig!

Sommerzeit ist für Gartenbesitzer meist auch Grillzeit. Dazu wird das Gerät aus Keller oder Garage geholt oder der Einmalgrill eingesetzt, unter intensiver Beobachtung der Gäste die Kohle zum Glühen gebracht und das Grillgut mit Hilfe guter Ratschläge zubereitet. Das ist der Normalfall. Fortgeschrittene, die nicht nur Bratwürstchen und Steaks anbieten wollen, verwenden ein gutes Grillgerät, einen „Weber", vielleicht als sauberen Gasgrill, andere haben sogar einen fest stehenden Grill im Garten, eine gemauerte Grillecke. Anders die Outdoor-Küche, die im Trend liegt. Hier kochen und arbeiten alle mit, die am Essen teilhaben möchten. So wird es ein neues, meist überraschendes Vergnügen.

Der Garten

Am schönsten ist es in der Küche, heißt es. Warum nicht auch in einer Gartenküche? Wenn die Kochstelle zentral im Garten liegt, dann kommt man an ihr nicht vorbei. Solche Gedanken hegte der Garten-Designer Phillip Osman, als er diesen Garten entwarf. Er muss ja nicht rustikal sein. Diese Zeiten sind zunächst einmal vorbei. Elegant ist schöner und passt auch besser in den Garten. Deshalb plante er einen Garten für die ganze Familie und mitten darin liegt die „Küche", der es an keinem Komfort fehlt, wie einem Gas-Kochfeld, auf dem alles zubereitet werden kann, vom Frühstücksei bis zum großen Dinner. Edelstahl für die Arbeitsplatten und Töpfe hat sich als pflegeleicht bewährt. Um im Stil zu bleiben, wird der Kochbereich mit den Arbeitsplatten von einer Edelstahl-Pergola (Matt Stein) eingerahmt. Echter Wein rankt daran hoch. Alle wichtigen Küchenkräuter, die für die Essenszubereitung gebraucht werden, wachsen in Töpfen griffbereit und können frisch hinzugegeben werden. Der Garten bietet jedoch nicht nur Platz zum Kochen, man kann es sich auch zum Essen bequem machen und an einem geräumigen Tisch Platz nehmen, um das gemeinsam gekochte Essen zusammen zu genießen. Der heitere Bodenbelag aus Kies mit Brettern aus Hartholz und die fröhliche Bepflanzung vor der schützenden Mauer laden in diesen Gartenraum ein. Der Garten mit der Küche als Blickfang ist für die ganze Familie plus Freunde da. Aber er ist nur dann eine dauerhafte Freude, solange der Spaß am gemeinsamen Kochen anhält. Dann hat sich die Investition auch gelohnt.

Alternativen für das „Herzstück"

- Die „Outdoor-Küche" wird aus mehreren Zubehörteilen individuell kombiniert. Sie besteht aus Teakholzkomponenten mit Arbeitsplatten aus Zinkblech. Weishäupl, www.die-besten-gartenmoebel.de.
- Die „Gartenküche" ist ein modulares Küchenelement aus heimischem Akazienholz, die Arbeitsplatte wird aus Edelstahl oder Corian gefertigt. Schaden Lebensräume, www.schaden.co.at.
- Die „Mobile Gartenküche", aufgeklappt mit Tisch, Vario-Kochfeldern von Gaggenau (für Teppan Yaki, Wok-Brenner, Induktionsfeld, Grill, Kühlschrank). MGM-Cases, www.mobilegartenkueche.de.

Garten-Design Phillip Osman, Swindon, GB
Ort London, GB

Kleine Fluchten

Designer und Ingenieure nehmen die Natur gern als Vorbild und nutzen dies als Grundlage für ihre Kreationen und Entwicklungen. Sie ist Vorlage für ungezählte Innovationen. Unter dem neueren Stichwort Bionik (aus den Wörtern Biologie und Technik) werden Prinzipien, die aus Natur und Biologie abgeleitet werden können, in Technik umgesetzt. Innerhalb dieses interdisziplinären Bereichs arbeiten Naturwissenschaftler und Ingenieure, Architekten und Designer zusammen. In ähnlicher Weise arbeiten auch Garten-Designer. Sie übertragen Dinge und Veränderungen aus der Natur oder aus künstlich geschaffenen Gegebenheiten und nutzen diese für einen originellen Entwurf, der in einem überraschenden Kontext zum Umfeld stehen kann.

Der Garten

Was haben Begradigungen von Flüssen mit der Gestaltung eines Gartens zu tun? Für Marcus Barnett und Philip Nixon, die bekannt sind für ihre moderne, strenge Stilrichtung, viel. Diese Flusslandschaften sind wie ein Spiegelbild unserer heutigen Zeit, obgleich die nachteiligen Auswirkungen durchaus bekannt sind. Die beiden nutzten einfach die Idee der begradigten Flussläufe, wie sie in Südengland (und leider nicht nur dort) „modern" geworden sind, und verwendeten sie – stark abstrahiert – für ihren Landhausgarten. So entstand ein spannender Wechsel von harten Baumaterialien und der weichen Textur der Stauden. Geometrisch angeordnete, 1,50 Meter breite Wasserbecken durchziehen hier die geräumigen Sitzflächen. Insgesamt vier Brücken, jeweils 7,50 Meter lang und 1,00 Meter breit, die bequem zu begehen sind, ermöglichen den Wechsel zum nächsten Platz. Sie sind klar konstruiert aus Western-Red-Cedar-Holz, das mit einem verzinkten Metallrahmen eingefasst ist. Kleine Mäuerchen aus Beton und Flintsteinen, die sehr originell ebenfalls mit dem Holz abgedeckt sind, rahmen die Plätze ein. Die großen, reichlich Platz bietenden Möbel von Philip Nixon (ideal zum Loungen!) passen sich dem klaren Gartenentwurf in idealer Weise an (Hersteller: Jeremy Long). Die beiden Designer verzichteten auf den Einsatz von tropischem Hartholz und verwendeten ausschließlich kanadisches Western-Red-Cedar-Holz, das von dem Riesen-Lebensbaum (*Thuja plicata*) gewonnen wird. Nach einer sonnigen Sommersaison wird das Holz die Farbe in ein silbriges Grau gewechselt haben.

Die Pflanzen

Die gelbe Gemswurzsorte (*Doronicum × excelsum* 'Harpur Crewe') ist leider nicht sehr bekannt, aber gerade sie beeindruckt mit ihrer klaren Blütenform während der Frühlingsmonate fast noch mehr als der bekannte Sonnenhut (*Rudbeckia fulgida* 'Goldsturm') im Hochsommer. Mit ihrer 40 cm Wuchshöhe steht sie in enger Verbundenheit mit der Katzenminze (*Nepeta × faassenii* 'Walkers Low'), deren Blütezeit sogar bis in den Herbst anhält, wenn sie gelegentlich zurückgeschnitten wird. Und dazu ein wenig versteckt die Purpurglöckchen (*Heuchera cylindrica*) mit den hohen, grüngelben Blüten.

Garten-Design Marcus Barnett, Philip Nixon, London, GB
Ort London, GB

Die Kraft des Lichts

Die Wirkung, die von der richtigen Beleuchtung eines Gartens ausgeht, wird oft unterschätzt. Vielfach scheint es zu genügen, wenn Not- und Sicherheitslampen die Orientierung an den Stufen, dem Hauseingang, an der Garage erleichtern. Hinzu kommen noch Bewegungsmelder, die bei vermeintlicher Bedrohung Licht einschalten, aber auch bei nächtlich schleichenden Katzen „Alarm" anzeigen. Und die Rundumbeleuchtung, die die Hausfassade taghell ins Licht setzt. Was gemeint und zum Glück modern geworden ist, ist das Extra-Licht, ein Licht, das keinem Zweck dient, allein dem Auge guttut. Es nimmt der Dunkelheit die Schwärze, die Finsternis wird durchbrochen, der Garten erhält ein facettenreiches Leben.

Der Garten

Das Haus mit seiner markanten Silhouette wird durch konsequent eingesetzte Halogen-Strahler allabendlich in Szene gesetzt. Mit unterschiedlicher Lichtstärke wird die Architektursprache des Gebäudes betont, sodass Hell- und Dunkeleffekte ein harmonisches Bild ergeben. Wichtig dabei ist, dass die Beleuchtung weiter in den Garten fortgesetzt wird. Ideal ist das Wechselspiel, da sowohl die Baumkrone und die aufragenden Zweige durch Licht hervorgehoben werden als auch kleinere Büsche und Stauden. In diesem Garten erfährt die Lichtwirkung noch eine weitere Dimension: Es spiegelt sich auf der Oberfläche des Schwimmteiches wider, rechts im Bild wird der gläserne Steg, Teil des Gartenrundwegs, von unten angestrahlt.

Garten-Design und Ausführung Thomas Heumann, Weinstadt, D
Ort Weinstadt, D

Klare Verhältnisse

Das Thema Arbeiten und Wohnen unter einem Dach oder gleich nebenan enthält eine starke Verlockung. Kurze Wege sind faszinierend, weil sie zeitsparend und umweltschonend sind. Auf die Lebenszeit addiert, ergeben sich Monate und Jahre, die man im Auto, in Bahn oder Bus verbringt, wenn der Arbeitsplatz weiter entfernt liegt. Aus diesem Grund werden die neu erschlossenen Gewerbegebiete für Unternehmer immer öfter interessant – auch als Wohnort. Das hat natürlich nicht nur Vorteile, denn dank dieser Nähe ist man immer erreichbar und der private Zeitanteil reduziert sich manchmal unmerklich ...

Das Konzept

Der Vorschlag, zwischen dem privaten Garten und der Anlieferung für den Betrieb für Oberflächenveredelung eine Mauer zu errichten, kam spontan nicht gut an (bislang wurden hier die Gemüsebeete bearbeitet). Er löste bei den Bauherren zunächst eine erhebliche Ablehnung aus. Eine Hecke wäre doch ebenso gut, eigentlich viel schöner und natürlicher. Es genügte zum Glück, nur eine Nacht darüber zu schlafen, und am nächsten Tag wurde der Auftrag erteilt. Ohne Kompromisse ging es dann allerdings nicht. Die Mauer sollte nicht nur separat vom Haus errichtet werden, was ohnehin geplant war, sondern der Abstand sollte so breit gewählt werden, dass der Chef auch den kurzen Weg in die Firma nutzen und hindurchschlüpfen kann.

Der Garten

Es war Absicht, die Mauer in gebrochenem Weiß zu einem Blickfang zu machen. Anders, als es eine Hecke könnte, wirkt sie bei jedem Wetter freundlich. Der Bauherr hatte die Idee, die Wand farblich zu gestalten. Erst die unterschiedlichen Nuancen der Wischtechnik machen das Blau so lebendig, so unangreifbar schön. Mit ihren Maßen von 5,00 x 2,40 Meter ist sie zu einem Hingucker geworden! Neben dem anderen intensiv genutzten Gartenbereich mit Wohnterrasse, Swimmingpool und blauen Accessoires ist diese Zone nahe des Arbeitsumfeldes so gestaltet, dass sie absolut pflegeextensiv ist. Nur ein paar vereinzelte Pflanzen beleben den Bereich. Dominant sind die Muschelkalkfindlinge aus einem Steinbruch in der Nähe. Sie sind flach und laden zum Sitzen ein. Aus demselben Material ist der Splittbelag, der anspruchsloser als Rasen und die benachbarte Obstwiese ist (rechts), wenn es ums Mähen geht.

Die Bepflanzung

Der schmale Raum zwischen Haus und Mauer wurde mit einem Lebensbaum „gefüllt" (*Thuja occidentalis* 'Smaragd'). Davor wechseln sich eine Buchsbaum-Kugel und rechts Chinesisches Schilf (*Miscanthus*) ab, das im Spätsommer 1,50 Meter hochgewachsen sein wird. Und die Krone der Rotbuche (*Fagus sylvatica*) im Vordergrund wird eines Tages zu einem grünen „Kasten" geschnitten, als Kontrapunkt zur blauen Wand. Aber bis sich dieser Effekt einstellt, werden noch ein paar Jahre vergehen.

Gartenplanung, Ausführung Hans Fahrion, Notzingen, D
Ort Notzingen, D

Eine begehbare Rauminstallation

Bildende Künstler betrachten einen Garten als einen Raum, den sie für ihre Installation nutzen. So wird der Freiraum vor oder hinter dem Haus zum vollständigen Bestandteil ihrer Kunst. Pflanzen und Skulpturen sind nicht vorhandene oder absichtsvoll platzierte Objekte, sondern ein Teil ihrer Arbeit. Der gesamte Gartenraum wird von der Künstlerin/dem Künstler ganzheitlich gestaltet und so erlebt. Und dies an jedem Tag, bei jedem Anblick neu.

Der Garten

Architektonisch sollte der Garten werden, der es nun ganz und gar nicht war, als Gisela Glucker und Jürgen Hauff das alte Haus bezogen. Das ist zwanzig Jahre her. Bei der Übergabe dominierten noch Gemüsebeete für die Selbstversorger. Inzwischen hat sich das Bild grundlegend geändert. Ein paar Salatköpfe und Buchsbaumhecken stehen im Hintergrund immer noch da, aber sonst ist der Garten, der unmittelbar vor ihrem Atelier liegt, von der Bildenden Künstlerin Gisela Glucker als eine sehr lebendige Rauminstallation geprägt, als ein „Work in Progress". Und da es englisch so gut klingt, mag sie das Wort „artificial" lieber als die deutsche Übersetzung „künstlich". In „artificial" klingen für sie Eigenschaften mit wie freundlich, künstlerisch und klangvoll. Anleihen bei der Musik und der Malerei werden durchaus bevorzugt. Sie gestaltet den Garten wie ein Bild und malt und installiert mit Pflanzen und Objekten. Und die Basis dieser Installation ist Flusskies, in der Sieblinie 8/10. Dominant ist hier Ultramarinblau, das bei Blüten selten vorkommt. Es bestimmt die Installation. Der Rotanteil im Ultramarin bewirkt, dass die Farbe wärmer, sogar feurig und präsent erscheint. Wird Ultramarin mit panaschierten Blättern kombiniert, entsteht ein nebeliger, atmosphärischer Farbeindruck, etwas impressionistisch. Wenn Ultramarin dunkelgrünen Pflanzen zugeordnet wird, entfaltet es seinen tiefen, nachtblauen Anteil. Ganz rechts ist es Bauholz von Abrisshäusern, das hier auf einem Rundstahl wie ein Schild zu Tafeln addiert ist und eine Markierung innerhalb des Gartens darstellt. Darunter fügen sich ein paar Japanseggen (*Carex morrowii* 'Variegata') ins Bild, die von einem grünen Akkord der Buchsbäume abgelöst werden. Solch eine Anordnung als Klangbild zu sehen und zu bezeichnen, und nicht etwa banal als Pflanzengruppe, ist die typische Sichtweise der Künstlerin. Und dieser Akkord wird schließlich durch den blauen Glassplitthügel in Ultramarin fortgeführt. Es ist die Kugelform zu erkennen, die sich dann über die 45 Grad Winkelneigung flach in der Flusskiesfläche auflöst. Die beiden Raumscheiben mit den ultramarinen Seiten formulieren den Raum, zeigen die dahinterliegende Plattenfläche mit den Heckenfragmenten, der gestutzten Robinie, den großen Ahornbäumen. Gisela Glucker sieht ihre Installation an jedem Tag, bei jedem Licht anders. Das ist auch der Vorteil der Begehbarkeit. Ihr Mann Jürgen Hauff, der „Mann fürs Grobe", ist ein unentbehrlicher Assistent bei der Realisation ihrer Visionen. Nach dem Motto: Er trägt sie, sie stützt ihn. Denn trotz aller Leidenschaft für die Kunst – ganz allein lässt sich eine solche Rauminstallation mit dieser Faszination weder schaffen noch genießen.

Garten- und Farbkonzeption	Gisela Glucker, Tübingen, D
Ort	Tübingen, D

Die neuen Gartenräume

Sie sind interessant und vor allem mysteriös, die schwarzen Löcher im Universum, weil sie noch längst nicht erforscht sind. Sie bleiben ein Rätsel. Anders die schwarzen Löcher im Garten, das heißt im Teich. Auch sie sind geheimnisvoll und zeigen neue Möglichkeiten auf, Gärten inspirierend anzulegen.

Der Garten

Es muss ja nicht immer die Terrasse vor dem Wohnzimmer sein, auf der man sich wohlfühlt. Warum kann nicht auch das Büro einen schönen Platz im Freien bieten, für die kurze Pause zwischendurch, für den Lunch, zum Entspannen, wenn der Feierabend noch lange nicht in Sicht ist? Schließlich haben auch Raucher ein Recht auf einen Platz im Freien ... Wer auch immer sich in den bequemen Lounge-Sesseln niederlässt (Aqua Collection von Paola Lenti), ein fantastischer Blick in eine fantasievolle Gartenwelt ist garantiert. Die Bepflanzung ist abwechslungsreich. Um sich Stauden und den Teich aus der Nähe anzuschauen, kann man die Eichenwürfel (45 x 45 x 45 cm) benutzen, die, in unterschiedlicher Höhe eingebaut, wie ein Pfad durch die Beete und schließlich bis ins sumpfige Ufer führen. Sie sind auch praktische Sitzhocker. Das Originelle dieses Gartens sind jedoch die quadratischen „schwarzen Löcher" im Teich, die die Wasseroberfläche in demselben Rhythmus wie die Holzwürfel unterbrechen. Wie die schwarzen Löcher des Universums üben auch sie eine erstaunliche Anziehungskraft aus.

Garten-Design Andy Sturgeon, Brighton, GB
Ort London, GB

Die Wiese für den Garten entdeckt

Was ist ein Garten? Genau genommen ist es ein abgegrenztes Stück Land, in dem Pflanzen unter mehr oder weniger intensiver Hilfe angebaut werden. Im Garten kann Obst und Gemüse gezogen werden (Nutzgarten). Er kann dank gestalterischer Mittel auch nur der Erholung und Freizeit dienen (Ziergarten). Heutzutage trifft man immer häufiger eine Mischung von beidem an, denn der Aspekt des Nutzens gewinnt wieder mehr an Bedeutung. Gemüsebeete sind zwar seltener, dafür sind Obstbaumwiesen stärker gefragt.

Der Garten

Das Grundstück befindet sich auf dem Lande und ist groß. Der intensiv genutzte Garten mit Blumenbeeten und Teich, Blauregen- und Weißem Garten ist nahe ans Haus gelegt. Dann ergab sich die Möglichkeit, ein weiteres Stück Land hinzuzukaufen. Und diese „Abstands"-Fläche wurde geschickt genutzt. Wie es die formalen Parks der italienischen Renaissance und die klassische Betrachtungsweise der französischen Gärten des 18. Jahrhunderts vormachten, wurde hier ein Obstgarten angelegt. Noch sind die hochstämmigen Bäume zart und haben nicht ihr ganzes Durchsetzungsvermögen bewiesen, aber in einigen Jahren werden sie mit ihren saftigen Früchten erfreuen. Zu der Auswahl gehören alte Sorten von Äpfeln, Birnen, Kirschen, Pflaumen und Mirabellen. Dazu gesellt sich noch ein Zierapfelbaum. Dessen Früchte sind nicht für den menschlichen Genuss gedacht. Vielmehr sind sie eine wichtige Nahrungsquelle für Singvögel. Wenn Früchte übrig bleiben, bieten die Zweige Herbstschmuck für die Vase. Alle diese Bäume bilden den Mittelpunkt der Rechtecke in der Größe von etwa 6 x 3 Metern (in den klassischen Gärten waren es Quadrate). Insgesamt wurden drei Reihen mit Obstbäumen bepflanzt. Markant sind zur Zeit weniger die Bäume als vielmehr der Wechsel zwischen der Wiese und den zwei Meter breiten, regelmäßig gemähten Rasenwegen. Die interessante, romantische Wirkung, die solch ein Wechsel mit sich bringt, ist ganz erstaunlich: wenn der Wind durch das hohe Gras weht, das Licht hindurchscheint und im abendlichen Sonnenschein weiche Schatten wirft und die Wiese mit der aufgehenden Saat der Felder konkurriert. Um diesen Effekt zu erreichen, ist es notwendig, den Rasen zweimal in der Woche zu mähen, und zwar exakt. Die Linien müssen eingehalten werden. Damit dies nicht dem Zufall überlassen bleibt, wurden die Ecken mit einem Pflasterstein markiert. Und die Wiese wird ein- bis zweimal pro Jahr mit der Sense gemäht. Vor allem kurz vor der Ernte der Obstbäume, damit die Früchte nicht im hohen Gras versinken und unauffindbar bleiben.

Wiese mit Rasenwegen

In jedem Garten, in dem ein Rasen angelegt ist, lässt sich eine ähnlich wundervolle Wirkung erzielen. Die andere angenehme Seite ist, dass der wöchentliche Aufwand fürs Rasenmähen reduziert wird. Rund um Bäume kann der Rasen ungemäht bleiben, wodurch sich schöne, natürliche Bereiche ergeben. Reizvoll sind auch Wieseninseln im Rasen, die mit Krokussen u. a. bepflanzt sind.

Garten-Design Fenna R. Graf, Ascheberg, D
Ort Ascheberg, D

Isn't it magic?

Das Thema „Märchen, Mythos und Magie" ist nicht gerade prädestiniert als Entwurfsgrundlage für einen Garten. In diesem Fall war diese Aufgabe für das Gartenfestival von Schloss Ippenburg ausgegeben. Es waren Gärten gewünscht, die sich der Thematik stellen. Also keine Wohlfühl-Gärten mit Terrasse und Sitzplatz, in denen man es sich gemütlich machen kann, sondern eher optische Leckerbissen.

Das Konzept

Was ist echt, was Illusion? Täuschung ist erlaubt. Es gilt, alle mediale Kraft von Kreisen und Kugeln zu nutzen, um sich der Natur zu stellen. Alles fließt, lautet Heraklits Formel. Fließt alles? Fließende Formen ja, aber ist das glitzernde Gewässer auch echtes Wasser? Und was schillert grünlich auf den Wegen? Was geschieht mit den farbenfrohen Reifen? Sie scheinen – einer nach dem anderen – unterzugehen und in das grüne und blaue Gras und schließlich im Teich abzutauchen. Kugeln gibt es in allen Größen und Materialien. Die höchsten Kugeln der blaunadeligen Scheinzypressen mit den hervorstechenden Stämmen ragen hoch über die Einfassungshecke. Auch sie scheinen im Boden zu versinken. Und was spiegelt sich denn da in der Mitte? Was hat sich hier in Licht aufgelöst? Oder ist es die Metamorphose von dunkelgrünen Buchsbaumkugeln, die sich hier mal preußisch korrekt, mal ganz kuschelig als Familie geben? It is magic!

Der Garten

Es war die Absicht, in dem gut 30 Quadratmeter kleinen Gartenzimmer innerhalb eines Heckenlabyrinths möglichst viel Illusionäres in den Farben Blau und Grün sichtbar werden zu lassen. Es beginnt mit dem blauen Meer, einem Glasteich aus Tausenden geschredderter Scherben. Aus diesem imaginären Meer ragen vier hohe Lawson-Scheinzypressen (*Chamaecyparis lawsoniana* 'Alumii') in unterschiedlichen Stammhöhen heraus, zum Teil über die Buchenhecken. Aber nicht allein. Zusätzlich springen dort Metallreifen, die jeweils einen anderen Blauton tragen, aus dem gläsernen Nass und tauchen immer weiter hinein. Die Täuschung wird vollendet, weil einige der Reifen verspiegelt sind. So entsteht die Frage: Sehe ich durch die Reifen hindurch oder ist es eine Spiegelung von Glasteich und Gräsern? In der Mitte der aufgereihten Reifen liegt eine Diskokugel, die bei Sonnenschein zusätzlich für Glitzer sorgt. So rund wie die Kugel sind auch die Buchsbäume, die auf der einen Seite als Familie angeordnet, auf der gegenüberliegenden Seite aufgereiht sind. Die Bepflanzung ist zurückhaltend und wird durch Blauschwingel (*Festuca cinerea*), hier noch schlapp, weil soeben erst gepflanzt, Schmucklilie (*Agapanthus africanus* 'Headbourne') und Rollrasen ergänzt, der in einer Spiralform ausgerollt wurde. Bleiben die grünen Glasbrocken. Sie strahlen etwas Unwirkliches aus und leuchten geheimnisvoll wie übergroße Kristalle. (Geschreddertes Flaschenglas: Otto A. Müller Recycling GmbH, Hamburg, www.oam.de)

Garten-Design Ulrich Timm Grünplanung, Hamburg, D
Ort Schloss Ippenburg, Bad Essen, D

Auf Entdeckungstour im Garten

Die Japaner haben die Blickweise perfektioniert: In einem typischen Tatami-Wohnraum werden stets nur manche Fensterläden geöffnet, um dem Besucher einen begrenzten Blick in den Garten freizugeben. Je nach Attraktivität der Pflanzen und Jahreszeit werden die Öffnungen geändert. So bleibt das Gartenbild anregend.

Der Garten

Die junge Garten-Designerin Janine Crimmins hat den Grundsatz der japanischen Wohn- und Gartenkultur für ihren Entwurf modifiziert. Dieses Prinzip des eingeschränkten Ausblicks hat zwar uralte Tradition, aber es wirkt heute modern und frisch. Warum nur gleich alles sichtbar machen? Es ist doch spannender, auf Entdeckungstour im Garten zu gehen. Also veranlasste sie eine hohe Wand, die den Garten durchtrennt, um zwei Bereiche zu schaffen, wie sie unterschiedlicher nicht sein können. Im Vordergrund ist der Chaosgarten zu erkennen, in dem wie zufällig Salbei, Federgras (*Stipa tenuissima*) und die hohe Verbene (*Verbena bonariensis*) zwischen den Steinen wachsen. Und dahinter, im großen Ausschnitt und dem quadratischen Ausguck, ist eine geordnete Gartenwelt in leuchtenden Farben zu ahnen. Mit Sonnenbraut (*Helenium* 'Moerheim Beauty'), Schafgarbe (*Achillea* 'Terracotta'), Dahlie 'Bishop of Llandaff' und blühender Waldschmiele (*Deschampsia* 'Goldschleier') vor roten Mauerscheiben, die durch Eiben (*Taxus*) und in der Mitte durch einen Wasserfall entlang einer Schiefersäule effektvoll unterbrochen werden. Da wird Neugier geweckt und das ist kein Zufall.

Garten-Design	Janine Crimmins, Stockport, GB
Ort	Tatton Park, GB; ab Herbst 2007: Cheshire Fire & Rescue Service Headquarter, Wainsford, GB

Kugelrund

Bei der Bepflanzung eines Gartens denkt man an Gehölze, an Bäume und Sträucher, an Rosen sowie an Stauden. Eventuell werden noch Ziergräser berücksichtigt. Doch Zwiebelpflanzen haben nur geringe Chancen, dabei in die engere Wahl genommen zu werden. Das ist schade, denn ihre Blüte bedeutet eine große Bereicherung für den Betrachter. Das gilt nicht nur für Tulpen und die ganz frühen Blüher wie Schneeglöckchen, Märzenbecher und Krokus, sondern auch für diejenigen, die erst dann in Blüte stehen, wenn die Beete bereits grün belaubt sind. Kugellauch gehört dazu und zählt zu den wichtigsten Einführungen in unsere Gärten, genauer gesagt handelt es sich um eine Wiedereinführung. Jahrelang schienen diese attraktiven Zwiebelpflanzen verpönt. Erst vor einigen Jahren wurden ihre guten Eigenschaften entdeckt. Zu der Gattung des Lauch (*Allium*) gehören nicht nur Zierpflanzen, sondern auch Knoblauch, Schnittlauch, Speisezwiebel – und Bärlauch, der längst in jede moderne Küche gehört. Kein Wunder, dass alle Laucharten einen intensiven Zwiebelgeruch tragen.

Der Garten

Mustergarten, Schaugarten, Themengarten? Anja Maubach bietet auf dem reizvollen Gelände ihrer Gärtnerei Arends Maubach (1888 von ihrem Urgroßvater Georg Arends gegründet) „Stauden und Gartenarchitektur". Bei der Vielfalt von Stauden dürfen Zwiebelblumen nicht fehlen. Zur Begleitung des breiten Weges mit Dachwurz-Quadraten fügte sie eine der schönsten Lauch-Sorten hinzu, *Allium* 'Globemaster', die von Jahr zu Jahr zahlreicher wird, weil sich Tochterzwiebeln bilden, die im nächsten Frühjahr weitere Stängel in die Höhe schieben. Das Laub ist wie bei allen Lauch-Arten unschön und stirbt schon ab, noch während sich die Knospen formen, und sollte deshalb von anderen Stauden dezent abgedeckt oder ganz einfach abgeschnitten werden, ohne dass die Pflanzen dadurch Schaden nehmen. Nach der Blüte ist noch lange nicht Schluss: Sogar ihre Samenstände sind eine Attraktion im Staudenbeet (siehe Seite 140).

Lauch: Schöne winterharte, hohe Arten und Sorten

- *Allium* 'Globemaster' hat sich zu einer der wichtigsten Pflanzen entwickelt, deren große Kugeln sich aus ungezählten kleinen, sternförmigen Blüten bilden; auch im trockenen Zustand (nach der Blüte) sehr attraktiv.
- *Allium sphaerocephalon*, deren rotviolette Blütenstände kleiner und kompakter sind, blühen erst im Sommer (Juli/August).
- *Allium* 'Purple Sensation' ist die schöne Auslese des Chinesischen Lauch (*Allium aflatunense*).
- *Allium* 'Mount Everest', typisch für die große Blütenkugel: Sie ist reinweiß.
- Tipps: *Allium*-Zwiebeln werden im Oktober/November gepflanzt. Die unschöne Eigenart, ihr Laub braun werden zu lassen, bevor sie in voller Blüte stehen, lässt sich durch benachbarte Stauden mildern, z. B. durch Funkien (*Hosta*), über deren Laub die Lauchkugeln „schweben".

Garten-Design Anja Maubach, Wuppertal, D
Ort Wuppertal-Ronsdorf, D

Für viel Gefühl

Alle Sinne sollen berührt werden, wenn ein Garten erlebt wird. Einfach mal testen, denn das sollte sich bei jedem Garten lohnen: genau hinschauen und hören, anfassen und riechen. Wenn man hier auf seine Kosten kommt, dann hat sich die Anlage gelohnt, dann stimmt es mit dem Garten, der Zusammenstellung und Anordnung der Pflanzen, mit der Harmonie der Natur im eng begrenzten Rahmen.

Das Konzept

Der Garten ist etwas Besonderes, ein schöner, anregender Ort, um für sich zu sein, mit Familien und Freunden zu feiern. Hier dominiert das Wasser, weil es besonders kraftvoll unsere Sinne anspricht. Es gleitet sanft durch den gesamten Gartenraum. Der Logenplatz liegt mitten darin wie eine Insel, die über einen Steg zu erreichen ist. Das Wasser regt in vieler Hinsicht an. Es sind die schönen Spiegelungen, die leichten Geräusche der Bewegungen, das Licht, die Stille, die Kühle und auch die angenehme Feuchtigkeit des weichen Wassers, wenn man sich erfrischen möchte. In dem Garten ist alles linear gehalten und auch ein wenig kontrastreich. Denn aus dem Wasserbecken wachsen sechs dekorative Weinpflanzen. Wein, der eher auf wenig Wasser angewiesen ist, um auszureifen, und ein sonniges Klima und einen warmen Standort bevorzugt. Hier flankieren die sonnenverwöhnten Gewächse die Terrassen und führen in der Blickachse auf den Kupferbaum, eine spezielle Wasserskulptur (im Hintergrund). Es ist ein plätscherndes Objekt (Tora Harmsworth), das zentral in einem separaten, etwas erhöhten Becken steht, das ebenfalls mit Kupfer eingefasst ist. Gleich dahinter liegt der wichtigste Platz innerhalb des Gartens: die Freiluftbar. Eingerichtet mit coolem Mobiliar aus wasserfester Loomfaser (Hularo) im Mocca-Farbton (cane-line-Kollektion). Die Terrasse ist aus Eichenholzbohlen gearbeitet, während für die beiden Brückenstege engmaschige Gitterroste aus Edelstahl eingesetzt wurden. Das belebt die Kontraste und soll Besucher veranlassen, die verschiedenen Materialien und Oberflächen des ungewöhnlichen Gartentreffpunktes mit allen Sinnen zu erleben.

Die Pflanzen

Die Stämme der Echten Weinstöcke (*Vitis viniferea*) sind schön verholzt. Sie haben ein Alter von ungefähr 30 Jahren erreicht, bevor sie ins ungewöhnliche Blickfeld gerückt wurden. Hier kommt es nicht auf die Ernte süßer Beeren an, sondern auf das Aussehen, die knorrigen Stämme, das Laub der rankenden Zweige. Sie stehen natürlich nicht im Wasser, sondern in nach unten offenen Pflanzenbeeten, eingefasst mit gebürstetem Edelstahl. Ein paar „echte" Wasserpflanzen bereichern den Garten. Im Vordergrund das hübsche Hechtkraut (*Pontederia cordata* var. *lanceolata*), das mit seinen himmelblauen Blüten bezaubert. Die rispigen Blütenstände des Gewöhnlichen Froschlöffels (*Alisma plantago-aquatica*) sind keine Konkurrenz für ihn. Auch nicht die flauschigen Köpfchen des Zypergrases (*Cyperus alternifolius*), einer grasartigen Sumpf- und auch Zimmerpflanze (also nicht winterhart).

Garten-Design Vanessa Adorni, Ellenbrook, GB
Ort London, GB

Akkuratesse hinter dem Haus

Der Anfang ist oft schwer. Welche ist die geniale Idee, die dem Grundstück gerecht wird, dem Wohnhaus entspricht, auf die der Urheber stolz sein kann, für die er bestenfalls eine Anerkennung erhält? Das Skizzieren beginnt. Die Bandbreite der Möglichkeiten ist unbegrenzt. Aber wenn man seinen eigenen Garten plant, kann es noch ein wenig komplizierter werden. Nicht für Marc De Winter. Es gehört schon eine gewaltige Portion Mut dazu, seinen Garten völlig anders zu gestalten, als es vielleicht gewohnt oder zu erwarten ist. Aber er nimmt sich das Recht, anders zu sein und zu arbeiten. Auch als Landschaftsarchitekt. Er ist Künstler dazu.

Der Garten

Die alten Obstbäume waren der Bestand des Grundstücks, als Marc De Winter hierherzog. Ein Garten existierte nicht. Der musste erst geschaffen werden. Ein Garten muss ja nicht zwingend aus Terrasse, Rasen und Strauchpflanzung bestehen, sagte er sich. Vor allem wenn man ein Grundstück als „Artiste" betrachtet, wie Künstler in Belgien heißen. Er nutzte seine ganze Gestaltungsfreiheit und setzte eine lange Buchenhecke vor die Gartenseite seines Hauses und davor wiederum Reihen von Buchsbäumen. Und was für welche. Eine Reihe in Form von Kegeln, zwei Reihen in Form von (liegenden) Kugeln. Ihr Durchmesser beträgt mehr als einen Meter. Und eine Kugel gleicht der anderen aufs Blatt. Keine Pflanze tanzt hier aus der Reihe. Nur die Obstbäume dürfen weiter wachsen, wie sie wollen.

Garten-Design Marc De Winter, Bloem Bloem, Halle-Zoersel, B

Ort Halle-Zoersel, B

Die **moderne** *Gartenszene*

Fit for fun

Vorbei die Zeiten, in denen es genügt, sich in einem Schwimmbecken fit zu halten, in dem man täglich seine Runden zieht? Für den, der mehr aufs Vergnügen setzt und dem ausreichender Platz und die „Mittel" für den Luxus zur Verfügung stehen, ist solch ein Badegarten die bessere Wahl. Vor allem an heißen Sommertagen.

Der Garten

Das Besondere dieses Gartens ist seine Gesamtlösung. Hier bilden innerhalb eines größeren Areals der Swimmingpool und der beschattete Sitzplatz, der eine modernistische Weiterentwicklung der klassischen Pergola darstellt, eine außergewöhnliche Einheit. Interessant sind die beiden Ebenen, die hier entstanden sind: So ist das Schwimmbecken nicht wie heute üblich in die sonnige Terrasse eingelassen, sondern ragt auf seiner Längsseite heraus. Über freie, fast schwebende Sandsteinstufen wird der Niveauunterschied überbrückt. So hat man die Wahl zwischen dem kleinen Sitzplatz mitten im frischen Grün und ein paar Stufen höher der großen, luftigen Terrasse unter dem transparenten Lattendach. Die aufwendige Konstruktion aus starken Leimbindern und Bodenplatten aus Sandstein erzielt einen weiteren Effekt: Nach vorn gibt es den erfrischenden Blick in das türkisfarbene Wasser, zur Rückseite dominiert eine heitere Bepflanzung. So entsteht fast ein wenig Urlaubsstimmung.

Garten-Design	Andy Sturgeon, Brighton, GB
Ort	Chelsea Flower Show, GB

Aktiv-Pool

Bei der Entscheidung für einen Schwimmteich oder einen Swimmingpool scheiden sich Interessen und Vorlieben. Die einen freuen sich auf die ökologische Variante mit dem weichen Wasser, die anderen denken an klares, „reines" Nass, das je nach Komfortstufe zu jeder Jahreszeit eine angenehme Bade- und Wassertemperatur ermöglicht. Allerdings wird das mit hohem Energieaufwand teuer bezahlt. Ein Schwimmteich fügt sich meist harmonischer in einen Garten ein, als es bei einem formalen Pool möglich ist. Doch wird mehr Gartenplatz gebraucht, weil die Wasserfläche um etwa ein Drittel größer ist als die eigentliche Schwimmfläche (je nach eingesetztem System). Die zusätzliche Zone wird zur biologischen Regeneration und Aufbereitung des Wassers benötigt.

Der Garten

Als das Passivhaus mit einer hervorragenden Wärmedämmung und -rückgewinnung geplant wurde, hatten die Besitzer bereits entschieden, dass sie einen Badeteich bauen wollen. Und zwar direkt an der Terrasse. Wo sonst eher an ein Rosenbeet gedacht wird, wollten sie lieber auf Wasser sehen und, wenn es warm genug ist, darin baden. Obwohl ihre Kinder noch klein sind, sahen die Eltern keine Gefahr. Die fünf Monate alte Tochter Lara absolvierte zunächst einen Babyschwimmkurs und lernte dabei den Umgang mit Wasser kennen. Inzwischen dreht sie selbst ihre Runden in dem Schwimmteich und genießt das Sommerleben am Teich (unter Aufsicht). Die gesamte Teichfläche beträgt etwa 100 Quadratmeter, der Bereich zum Schwimmen an der Terrasse ist nur halb so groß. Die Badesaison beginnt im Mai, im Sommer wird das Wasser über 25 Grad warm!

Von Algen und Mücken

Der große Teich zieht Libellen, Käfer, Vögel und zur Laichzeit Frösche an. Algen können wie bei jedem natürlichen Gewässer entstehen. Aber von Mücken bleibt man verschont, dank der reichen Flora und Fauna.

Der Schwimmteich

Er besteht aus zwei kaum erkennbaren Bereichen: der Schwimmzone mit dem Tiefwasserbereich (etwa zwei Meter) und der Regenerationszone mit dem bepflanzten, flach ansteigenden Bereich. Eine Betonwand trennt die beiden Zonen unter Wasser voneinander. In diesem Teich gibt es eine Extra-Flachwasserzone zum Planschen. In der Regenerationszone übernehmen Unterwasserpflanzen wie Laichkraut (*Potamogeton*) oder Wasserpest (*Elodea*) und Sumpfpflanzen wie Pfeilkraut (*Sagittaria*), Hechtkraut (*Pontederia*) und Rohrkolben (*Typha*) den biologischen Reinigungsprozess und sorgen für weiches Wasser in hygienisch einwandfreier Qualität.
Ein Skimmer (wie bei einem Pool) nimmt Laub von der Oberfläche auf.
Eine Umwälzpumpe sorgt für den notwendigen Wasserkreislauf. (Biotop Landschaftsgestaltung Ges. m. b. H., www.swimming-teich.com)

Garten-Design Eveline Merkinger, Amstetten, A
Schwimmteich Biotop Landschaftsgestaltung Ges. m. b. H., Weidling, A
Ort Amstetten, A

Eine ideale Kombination, zur Nachahmung empfohlen: Zum Passivhaus mit sehr geringem Energieverbrauch passt nur ein Schwimmteich, der biologisch geklärt wird.

Das Potenzial ausgeschöpft

Besitzer kleiner Grundstücke schauen oftmals neidvoll auf die großen Anwesen, die von Großzügigkeit und Weite leben. In der Tat ist es reizvoll, sich von der Freizügigkeit geräumiger Gärten verführen zu lassen. Aber dies sollte kein Grund sein, nicht diejenigen Möglichkeiten zu nutzen, die das eigene Land hergibt. Wem nur wenige Quadratmeter zur Verfügung stehen, dem bleibt die hohe Kunst, einen ungewöhnlichen Garten zu entwerfen, auch wenn dies nicht gerade einfach ist.

Der Garten

Gärten hinter dem Haus originell zu planen, geht oft nicht so glatt (abgesehen von der Ausführung, wenn alle Materialien und Pflanzen durch das Haus transportiert werden müssen!). Zum einen muss ein volles Gartenprogramm auf wenig Raum realisiert werden, zum anderen sind die Lichtverhältnisse wegen der hohen Mauern kompliziert. Der mögliche Einblick durch die Nachbarn macht es nicht einfacher. Für die Kunst liebenden Bewohner erwies es sich dann doch nicht als schwierig, ein Konzept zu erstellen, weil sie sich weniger für ein Pflanzenidyll interessierten als vielmehr für einen verhältnismäßig großen Gartenraum, in dem sie einen Empfang für mehrere Personen geben können. Und als die beiden Garten-Designer vorschlugen, eine zusätzliche Sichtschutzmauer mit senkrechten Schlitzen zu errichten (Rückseite) und die Wände in gedämpftem Pink zu streichen, waren die Bauherren völlig begeistert. Niemals hätten sie diesen Farbton gewählt, doch hier ist er vorbildlich. Pink lässt triste Wände heiter wirken und außerdem bieten sie so einen perfekten Hintergrund für Objekte aller Art. In dem Atriumgarten sind mehrere interessante Details ausgeführt worden. Das Gelände ist abgestuft, sodass sich oberhalb eine Art Galerie ergibt. Auf einen Blickfang wollten die beiden Garten-Designer nicht verzichten und schlugen ein Wasserbecken vor mit einer rückwärtigen Wand, die mit Schiefer verblendet ist. Dadurch erhält die Wasserfläche mehr Tiefe und wirkt weiter, als sie tatsächlich ist, und der Pinkton wird raffiniert unterbrochen. Für die Abdeckplatten des Wasserbeckens und die Stufen wurde schöner Portland-Kalkstein verwendet – auch für die Steinbank im Vordergrund, deren Oberfläche allerdings poliert ist. Ton in Ton dazu gefällt der Bodenbelag aus beigem Kies, der durch Kleinpflaster, mit breiten Fugen verlegt, unterbrochen wird. Kontraste bieten die beiden Bronzeskulpturen (Entwurf der beiden Garten-Designer, produziert von Dennis Fairweather) sowie die Allee aus schlanken, hochstämmigen Säulenhainbuchen (*Carpinus betulus* 'Fastigiata') und das Beet mit einer blühenden Mispel.

Die Pflanzen

Die schöne Echte Mispel (*Mespilus cydonia*), die im Herbst mit den großen, gelben Früchten aufwartet, ist Herr über bodendeckende Stauden mit vorwiegend dunklem Laub: Purpurglöckchen (*Heuchera micrantha* 'Palace Purple'), Salvien (*Salvia officinalis* 'Purpurascens') und Fenchel (*Foeniculum vulgare* 'Rubrum') sowie Frauenmantel im Vordergrund (*Alchemilla mollis*).

Garten-Design Fiona Lawrenson, Haslemere, GB; Chris Moss, London, GB
Ort London, GB

Der Freisitz

Der Entwurf für einen Garten wird im Wesentlichen von seiner Lage und seiner Umgebung bestimmt – von der Architektursprache der Gebäude, von seinen Bewohnern (und deren Vorgaben und Wünschen) und vor allem von den angrenzenden Grundstücken. Darauf einzugehen, kann leicht oder schwer sein, in jedem Fall ist es notwendig, denn ein Garten wird oft – über seine Grenzen hinweg – von Baumbewuchs, Mauern, Gebäuden der Nachbarn beeinflusst. Und wenn ein Grundstück sehr groß ist, sollte das Ziel eine einzigartige Atmosphäre sein.

Der Garten

In diesem Areal im angenehmen kalifornischen Klima scheinen die Grenzen fließend zu sein. Hier stören keine hohen Bäume der Nachbarn, hier scheinen die Freiheit und der Ausblick grenzenlos zu sein. Die Garten-Designer mussten bei ihrem Entwurf für den Freisitz- und Poolbereich auf die geradezu unglaubliche Weite eingehen. Dem Geländeverlauf angepasst, ließen sie Mäuerchen aus Beton bauen, die die Erde abstützen und zugleich für eine wohltuende Ordnung am Swimmingpool sorgen. So entstehen reizvoll dimensionierte Winkel und das weiträumige Grundstück wird interessant gegliedert. Die klare Konstruktion der Schatten spendenden Pergola übernimmt die Struktur des Wohnhauses und zeigt transparente Architektur im Garten. Doch alles zusammen lebt von einer einfühlsamen Stimmung, in der man sich kaum traut, ins warme Wasser des Pools einzutauchen.

Garten-Design Chandler & Chandler, Napa, USA
Ort Napa Valley, USA

Die neue Ästhetik

Gärten von heute sind komplexer, als sie es früher waren. Sie bieten mehr, auch mehr Komfort. Sie werden inszeniert – wie ein Bühnenbild. Und auf der großen Fläche, auf der normalerweise ein Rasen angesät ist, der in den Folgejahren eventuell in einen Teich umgewandelt wurde, wird derzeit ein Swimmingpool oder ein Reflecting-Pool ins Bild gerückt. Dafür entscheiden sich zumindest diejenigen Gartenbesitzer, die ihren Außenbereich auf dem neuesten Stand sehen möchten.

Der Garten

Das Umfeld muss draußen bleiben, denn dieser Gartenraum dient nur dem Genuss. Hier darf nichts von außen stören. Deshalb werden zunächst weiße Mauern gebaut, die im vorderen Bereich von Eibenhecken abgelöst werden. Mittelpunkt ist der Pergolasitzplatz. Nur dieser Bereich ist aus Holz gebaut, und zwar aus amerikanischer Kiefer. Ihre besonders leichte Bauweise gibt dem Garten die schöne Urlaubsatmosphäre. Wie ein nach vorn offenes „U" ist der Sitzplatz konstruiert worden. Das Dach, 2,30 Meter hoch über dem Holzdeck, ist aus einem offenen Lattenraster gearbeitet, das eine zu intensive Sonneneinstrahlung verhindert. In regenreichen Sommerwochen kann ein Segel mit leichter Neigung untergespannt werden, um die größte Nässe zu verhindern. Die Rückwand besteht aus einer doppelten Lattung mit breiteren Fugen, um ein wenig den Durchblick zu erhalten. Drei Mohnmotive unterbrechen die Fläche und werden über dem bequemen Kunststoffsofa zu einem Blickfang. Und das Holzdeck, 5 x 3 Meter und damit ebenso so groß wie das Dach, wird nur von zwei Pfosten unterbrochen, die die Konstruktion sichern. Zu der überraschenden „Bühnenoptik" wird der Sitzplatz erst durch das Absenken des anschließenden Gartenbereichs. Jetzt steht er frei und dominiert über dem freundlichen Hellgrau der Granitplatten. Um eine großartige Wirkung zu erzielen, wird davor ein quadratischer Reflecting-Pool geschaffen. 5 x 5 Meter ist er groß. Auf dem etwa 50 cm tiefen Boden ist eine Schicht schwarzer Kieselsteine ausgelegt worden. Sie lassen das Wasser tiefer erscheinen, als es tatsächlich ist. Das i-Tüpfelchen allerdings ist der Wasserschleier, der in 1,50 Meter Länge an der Terrassenvorderkante sichtbar wird und sich im Pool mit flüsterndem Geplätscher ergießt. Das ist eine stilvolle Bereicherung.

Die Details

Das ausgewogene Gartenbild wird auch durch die sorgfältige Bearbeitung der Natursteinwege und Stufen möglich. Die grauen chinesischen Granitplatten sind mit Sorgfalt verlegt worden. Das Kantenprofil der Stufenplatten ist mit einer Nase, einem sogenannten Rundstab, ausgebildet. Dadurch sehen sie besser aus und sind leichter zu begehen. Für die Wege wurden 40 x 20 cm große Platten ausgewählt. Für die Mitte sind nur quadratische Platten (20 x 20 cm) vorgesehen, sodass eine durchgehende Fuge entsteht, die auch von den Stufenplatten und den oberen Platten aufgenommen wird. Hier wird sichtbar, dass das Design gut durchdacht ist und richtig umgesetzt wurde.

Garten-Design Jamie Dunstan, Rotherham, GB
Ort Tatton Hall, GB

Die Antike in die Moderne geholt

Was haben antike Vorbilder und Vorlagen alter Parkanlagen mit moderner Gartengestaltung zu tun? Auf den ersten Blick vielleicht nur wenig. Doch in der Realität ist es eine bemerkenswerte Strömung, sich auf die alten Werte und Formen zu besinnen. Und das lohnt sich, weil etliche Tricks immer noch sehr genial sind und auch in heutigen Gärten für interessante Aspekte sorgen.

Der Garten

Die Idee der Veränderung mutete für das ehemals elterliche Grundstück unspektakulär an. Es sollte eine Achse entlang der größtmöglichen Diagonalen innerhalb des Gartens geschaffen werden. Das sind immerhin etwa 60 Meter. Und am Ende dieser Achse sollte ein Pavillon mit der Ausstrahlung eines griechischen Tempels stehen. Die Wahl fiel auf den Apollo-Tempel von Bassae, einen der beeindruckendsten Tempel Griechenlands, nahe des Bergdorfes Andritsena. Seine Vorderansicht ist nach genauen Plänen auf eine Länge von sechs Metern proportional exakt verkleinert worden und stellt nun den Tempelaufriss mit den Säulen und den Tonvasen gekonnt dar. Für die Blickbeziehung zwischen Wohnhaus und der Tempelnachbildung ist ein Gartenmittelparterre erforderlich, wie es bereits der mondäne Parkgestalter Fürst von Pückler-Muskau (1785–1871) in seinen Planungen einsetzte. Landschaftsarchitekt Hans Dorn entwickelte das Mittelparterre als großes Quadrat in dem Format von 9 x 9 Metern. Rechts und links sind drei hintereinander angeordnete und miteinander verbundene Quadrate gruppiert. In der Mitte führt der Blick über drei Rasenquadrate, die durch Sandsteinplatten fast unsichtbar begrenzt sind. Die beiden bepflanzten Felder mit den jeweils drei Quadraten sind mit kompakten Buchsbaumhecken eingerahmt und untereinander nochmals mit solchen grünen Hecken verbunden. Die Bepflanzung der quadratischen Beete ist gekonnt. Sie besteht aus einer ganz einheitlichen, grafisch leichten Struktur der Steifen Verbene (*Verbena bonariensis*), die mit ihren vielen kleinen violetten Blütentuffs in bis zu 90 cm Höhe unzählige Insekten anzieht. Eine Pflanzenvariante, wenn es im trendigen Weiß sein soll, wäre das wundervolle Reitgras (*Calamagrostis × acutiflora* 'Karl Foerster') in Verbindung mit der Sommermargerite (*Chrysanthemum maximum* 'Gruppenstolz') und dazu einjährige weiße Kosmeen, das Fiederblättrige Schmuckkörbchen (*Cosmos bipinnatus*). Unbemerkt bleibt ein genialer gärtnerischer Kunstgriff, den der Landschaftsarchitekt angewandt hat. Die Schräglage des Grundstücks konnte und wollte er nicht verändern, auch weil der Aufwand zu groß wäre. Deshalb hat er das Gartenparterre horizontal eben gebaut, aber nicht waagerecht. Alle sichtbaren Hecken und die zentralen Sandsteinstufen in der Mitte sind in einem so leichten Gefälle angelegt, was das Auge nicht wahrnimmt, aber für einen weniger starken Kontrast sorgt. Und noch ein weiterer Trick kam hinzu: Die unteren, tiefer stehenden Hecken bestehen nicht aus Buchsbaum, sondern aus Eibe (*Taxus*), weil sie dunkelgrüne Nadeln hat. Das bewirkt, dass die Buchsbaumquadrate mit dem hellgrünen Laub optisch leichter und heiterer wirken!

Garten-Design Hans Dorn, Frankfurt, D
Ort Schlüchtern/Elm, D

Ecken und Kanten in Symmetrie

Welcher Gartentyp passt zum Haus? Gehört zum Jugendstil-Altbau eine Anlage mit klassischen Stilelementen? Oder darf es etwas Neues, Ungewohntes sein? In diesem Garten ist die Überraschung perfekt: anstelle geschwungener Wege und ausladender Beete etwas Klares. Man schaut auf gerade Linien, kantige Hochbeete, auf eine überraschend kleine Auswahl verschiedener Pflanzen. Preiswerte, aber vor allem wenige Materialien dominieren. Ist das die neue Sparsamkeit oder ist es ganz einfach Freude an der Unkompliziertheit, an Einfachheit? Nach Stress im Alltag und überbordender Angebotsfülle in jeder Form wird ein Kontrast dankbar angenommen. Eingängige und schöne Formen sind die Mittel, die hier wirken.

Klare Linie

Die Größe des Grundstücks ist nur von geringer Tragweite, wenn es darum geht, diese neue Enthaltsamkeit sichtbar werden zu lassen. Im kleinen Garten lässt sich die Idee mit nur ganz wenigen Hinguckern erreichen, vielleicht genügt bereits ein einziger „eyecatcher“, wie Engländer es nennen. In einem größeren oder parkähnlichen Grundstück dagegen kann die Gestaltung beispielsweise mit einer Blickachse vom Haus eine überraschende Wirkung erzielen oder auch eine angedeutete Baumallee oder Gruppe von Blütensträuchern. Oder wie wäre es mit einem Solitärbaum, einem schlanken, geometrisch angelegten Wasserbecken oder einem Themengarten, der allein Historischen Rosen oder blaublühenden Stauden gewidmet ist? Meistens ist es eine gute Entscheidung, die Pflanzenauswahl zu beschränken.

Der Garten

Umgeben von mehrgeschossigen Häusern und Gärten mit ausgewachsenen, hohen Sträuchern sollte dieses kleine, stark vermooste Grundstück neu gestaltet werden. Zusammen mit einem befreundeten Architekten entstand die Idee der Geradlinigkeit, eine Art Kontrastprogramm zu der bestehenden Anlage. Der gedankliche Ausgangspunkt war der lange Wohnraum, der sich von der Straßenseite bis zur Terrassentür erstreckt. Diese rechteckige Form wird im Garten in Form einer Kiesfläche aufgegriffen, die seitlich von erhöhten Beeten mit hohem Knotenbambus (*Phyllostachys aurea*) und weißblühenden Fleißigen Lieschen (*Impatiens*) begrenzt wird. Die begehbare Fläche ist mit feinem Kies bedeckt, aus dessen Fläche sich zwölf Buchsbaumwürfel hervortun. Eine schöne Idee, die die Symmetrie hervorhebt. Das Mittelstück, die versetzte Achse des Wohnraumes, besteht aus einem gewachsenen Teppich aus Mauerpfeffer (*Sedum*), der auf beiden Seiten mit Planken aus Hartholz eingefasst wird. Im hinteren Teil des Gartens, hier scheint am häufigsten die Sonne, ist Raum genug für einen großen Sitzplatz aus handelsüblichen Betonplatten. Auf eigentlichen Sichtschutz konnte man leichten Herzens verzichten, weil die ausgewachsenen Blütensträucher in den angrenzenden Gärten sich als ideale Sichtblenden bewährt haben. So genügte es, lediglich eine transparente Abtrennung, einen Spalierzaun mit quadratischem Raster entlang der Grenzen aufzustellen. Dadurch entstand eine Raumwirkung, die sowohl von der erhöhten Terrasse am Haus als auch im Garten als wohltuend empfunden wird.

Garten-Design Michael Hartmann mit Familie Dr. Heiner Schaub, Hannover, D
Ort Hannover, D

Ein gutes Thema, bitte!

Es gibt viele Möglichkeiten, einen schönen Garten oder Park zu entwerfen und ausführen zu lassen. Am wichtigsten bleibt es, sich mit dem Genius Loci („dem Schutzgeist eines Ortes") auseinanderzusetzen, also die einzigartige Atmosphäre des Geländes aufzuspüren – und dies zu verschiedenen Zeiten – und, was ebenso wichtig ist, die Wünsche des Auftraggebers möglichst genau kennenzulernen. Ein wesentlicher Schritt dahin wird auch gemacht, wenn man sich ein Thema, ein Motto, eine Struktur, eine Farbe oder eine Farbenkombination ausgedacht hat und wenn die Schwerpunkte vom Auftraggeber genauer beschrieben werden. Dadurch entsteht der berühmte rote Faden, an den man sich halten kann, wenn es um die Formgebung, die Wahl der Materialien oder überhaupt um das Farbkonzept geht. So gelangt man sicher durch das Labyrinth der vielen Versuchungen und unbegrenzten Möglichkeiten und der Entwurf bleibt konsequent. Bei diesem Planungsauftrag zählte die Kenntnis des Ortes kaum, weil es sich um eine neutrale Ausstellungsfläche handelt. Dafür existierte eine konkrete Vorgabe des Auftraggebers.

Der Garten

Der Auftrag war ungewöhnlich, ein realistischer Traum. Zu entwerfen war ein Garten in den Formen und Farben des englischen Malers Simon Carter. Kräftige Farbtöne dominieren seine kontrastreichen Bilder verbunden mit rauer Textur. Nicht selten finden sich dort feuriges Orange, Nuancen von Schwarzer Johannisbeere verbunden mit frischem Grün. Und dies kann frei übersetzt und in ein Stück Land übertragen werden. Garden Designer Thomas Hoblyn sah sich in der Flora um und kombinierte Frauenmantel (*Alchemilla mollis*) als dezent gelbgrünen Pflanzenteppich, aus dem die filigranen, feinverzweigten Blüten herausragen, mit aufrechtem, dunkelblauem Eisenhut (*Aconitum carmichaelii* × 'Arendsii') oder wählte den eineinhalb Meter hochwachsenden Wiesenknopf (*Sanguisorba tenuifolia*). Diese Farbenspiele spielen jedoch eine Nebenrolle im Vergleich zu der umfassenden Bodenbewegung, die der Garden Designer veranlasste. Mit den schlanken Spalierlinden, die über einen extrem langen Stamm verfügen, wird ein Halbrund geformt, das um mehr als einen Meter abgesenkt wurde. Es hat die Form des klassischen Amphitheaters. Wie bei alten griechischen Theatergebäuden ist hier die Form einer Ellipse nachgebildet, in den Hang wurden Stufen hineingearbeitet. Alles ist in schlichtem Rasengrün gehalten (der Aufwand für die Rasenpflege spielt auch nur eine untergeordnete Rolle). Und daraus leuchtet – welch ein gelungener Kontrast – eine Baumgruppe mit den Stämmen der schönen Weißrindigen Himalaja-Birke (*Betula utilis*) hervor, deren Baumkrone wiederum die aprilfrische grüne Farbe des Rasens aufnimmt. Einen zusätzlichen Kontrast bildet die Holzfläche, die weniger als Terrasse, sondern vielmehr als weiterer Farbeffekt gesehen wird. Und alles wird durch ein wechselndes Licht- und Schattenspiel gesteigert, was in seiner Gesamtheit von der Jury durch die Vergabe einer Goldmedaille belohnt wurde.

Garten-Design Thomas Hoblyn, Bury St. Edmunds, GB
Ort Hampton Court Palace Flower Show, GB

Schlanke Spalierlinden rahmen den abgesenkten Gartenteil mit weißstämmigen Birken im Halbrund. Ihre transparenten Kronen werfen dezenten Schatten.

Gartensalon

Viele Reihenhausgärten haben das Pech, entweder intensiv bespielt oder vernachlässigt zu werden. Gartenarchitektur fällt hier nur in den seltensten Fällen auf fruchtbaren Boden. Das ist bedauerlich, weil das Areal hinter dem Haus einen sehr engen Bezug zum Haus, zum Wohnraum und zur Terrasse hat. Der alltägliche Blick führt in diesen Garten. Da sollte es sich schon lohnen, einige gute Ideen, die Bestand haben, und, wenn möglich, auch Kosten zu investieren.

Der Garten

Auf den ersten Blick wirkt der Garten groß, wie ein schönes Bild, aber nicht wie ein Reihenhausgarten. Und das ist natürlich volle Absicht. Stephen Woodhams schafft es in allen seinen Gärten, so kompakt wie möglich zu arbeiten. Kein Zentimeter bleibt undurchdacht. Das Umfeld wird hier keinesfalls mit einbezogen. Der Ausschnitt zeigt den Garten fast in seinen gesamten Ausmaßen. Im Vordergrund ist die Holzterrasse zu erkennen, die dem Wintergarten vorgelagert ist. Von hier aus führen zwei Holzstufen (hochzuklappen, um darunter Gartengerät unterzubringen) in den eigentlichen Gartenraum mit einer Tiefe von acht Metern und einer Breite von sechs Metern. Ganz symmetrisch wird die Terrasse von zwei Sandsteinkübeln begrenzt (80 x 80 cm groß), in denen speziell als Spiralen geformte Eiben (*Taxus baccata*) gepflanzt wurden. Das untere Gartenniveau besteht aus einem Kiesplateau, in das ein Sandsteinplattenweg gelegt wurde, der das Wasserbecken im Hintergrund einfasst. Genau in der Mitte des Weges wurde ein schmaler Graben ausgehoben, um darin einen Buchsbaumstreifen zu pflanzen. Eine Reihe Einfassungsbuchsbaum als zentrale Zeile mitten in einem Garten! Auf beiden Seiten erheben sich leicht erhöhte Beete, die mit Bambus (*Phyllostachys*) bepflanzt sind. Immergrün wie das Gras sind auch die Pflanzen, die den Boden abdecken: Japanischer Ysander (*Pachysandra terminalis*). Die Attraktion, heutzutage gern als Blockbuster bezeichnet, ist das Wasserspiel. Aus einer frei stehenden Wand plätschert Wasser über eine glänzende Schale und rinnt über eine sandgestrahlte Glasscheibe in das Becken hinunter. Eine fantastische Wirkung! Das Wasserbecken davor ist von einer Mauer mit praktischer Sitzbank begrenzt. So kann man den Garten zusammen mit dem Wintergarten und dem Haus aus der entgegengesetzten Perspektive erleben. Da fehlt nur noch der Gin Tonic!

Die Beleuchtung

Dank der intensiven Gestaltung, der immergrünen Bepflanzung und einer automatischen Bewässerungsanlage ist dieser Reihenhausgarten ganzjährig schön. Deshalb lohnt sich hier die Installation einer gut abgestimmten Beleuchtung. Die Lichtquellen sind geschickt ausgewählt und positioniert worden. Entscheidend für die Wirkung sind die vielen Lichtquellen der kleinen Halogen-Niedervoltleuchten, um die unterschiedlichen Materialien und Pflanzen optisch hervorheben zu können. Info: Büro für Lichttechnik R. Noelle, 24576 Hitzhusen, www.nightscaping.de.

Garten-Design Stephen Woodhams, London, GB
Ort London, GB

Glashaus im Grünen

Pavillons haben eine eigene Tradition. In erster Linie bieten sie eine naturnahe Atmosphäre, da sie meist weiter zurück im Garten aufgestellt sind. Sie können Blickfang vom Wohnraum oder der Terrasse sein, aber auch ganz verwunschen und zurückgezogen liegen – umgeben von Stauden, Sträuchern und vielen Kletterrosen. Es gibt unzählige Varianten in allen Stilrichtungen vom Typ Rustikal mit Reetdach bis zu den feinen Modellen, die als Jugendstil- oder Teepavillon angeboten werden. In der Regel handelt es sich um geschlossene, manchmal sogar beheizbare Räume. Pavillons können aber auch einfache offene Metallkonstruktionen sein, die von Kletterpflanzen berankt werden. Und Goldregen (*Laburnum*), eigentlich ein Großstrauch, ist eine aparte Begrünung, vor allem, wenn die langen Blütentrauben in den Pavillon herabhängen; aber: Goldregen ist giftig.

Der Pavillon

Ein gläserner Pavillon ist ein seltenes Modell, weil er aufwendiger und damit teurer zu errichten ist als die gängigen Holzhäuschen. Aber wenn ein Architekt und Geschäftsführer einer Bauplanungs-Gesellschaft für sich selbst baut, dann muss es schon etwas Besonderes sein – und etwas Modernes, Zeitgemäßes. Er entschied sich zusammen mit seiner Frau für einen Glaspavillon, der – nur sechs Meter vom Haus entfernt – fast die Rolle eines Wintergartens einnimmt. Reizvoll ist auch die schöne Baumkulisse, in die er wie hineingeschoben wirkt. Und dieser Pavillon hat noch andere Qualitäten, was seine Lage betrifft: Er schwebt sozusagen über dem Wasser. Auch wenn es sich nur um einen Folienteich handelt, ist die Wirkung fantastisch. Und dies bringt einen weiteren Vorteil mit sich: Es gibt keine Belästigung durch Mücken, auch wenn die Familie mit Freunden bis lange in die Sommernacht hinein sitzt und klönt (wie hier in Ostfriesland das gemütliche Plaudern genannt wird). Der helle gläserne Gartenraum wird – vom Haus – über einen Brückensteg erreicht. Vom Garten geht es ein paar Stufen nach oben. Diese anregenden Niveauunterschiede beleben den Garten zusätzlich. Hinweis: Mücken werden überall dort lästig, wo der Wasserspiegel sich verändert, was auf natürliche Gewässer zutrifft. Hier vermehren sie sich bei warmem Wetter schnell. Bei Folienteichen ist dies (fast) nie der Fall, auch wenn es immer wieder behauptet wird.

Die technischen Details des Pavillons

- Die Abmessung beträgt 3,99 x 3,99 Meter.
- Die Traufe hat eine Höhe von 2,30 Meter.
- Die Neigung des pyramidenförmigen Dachs hat einen Winkel von 40 Grad.
- Die senkrechten Pfosten bestehen aus Vollprofilen 50/50 mm.
- Die Dachprofile aus T 50 Stahlprofil und Abdeckprofil 50/50 mm.
- Abstrebungen: System Regenschirm; Flacheisen 30/30 mm jeweils durch Stahlseile mit den senkrechten Pfosten konstruktiv verbunden.
- Bodenbelag für Brücke und Pavillon: geriffeltes Hartholz, unbehandelt.

Design Friedrich C. Meyer, Jever, D
Ort Jever, D

Mehr Architektur!

Grünplanung hat die Aufgabe, vor allem den Bauherren zu gefallen, aber auch der vorhandenen Architektur zu entsprechen oder gerecht zu werden. Das muss kein Widerspruch sein, sondern kann sich durchaus ergänzen.

Der Garten

Wie jeder Garten innerhalb eines Atriumhauses wird auch dieser Freiraum von der klaren Architektursprache der umgebenden Fassade beeinflusst. Die bauliche Ausdrucksweise erinnert – 1973 von den Architekten Spengelin und Lutz gebaut und nun von Architekt Dieter Neikes hochwertig instand gesetzt – in seiner Klarheit an den Bauhausstil der zwanziger Jahre, der die Moderne in Architektur und Design begründete. In dieser Tradition übernimmt der Garten die Erweiterung und Fortsetzung der Architektur nach außen. Dabei muss auf eigenständige Elemente keineswegs verzichtet werden. Im Gegenteil: Sie sind sogar erwünscht, um nicht in der Vergangenheit zu verharren. Die gesamte Fläche des Innenhofes ist, soweit möglich, mit einem schönen und hellen Plattenmaterial belegt. Es handelt sich um Muschelkalkplatten in einem großzügigen Format von 1,00 x 1,00 Meter. Das ist überzeugend, weil sich ein konsequentes Raster mit Kreuzfugen ergibt. Ein belebendes Detail ist der Höhenunterschied von drei Stufen, der es ermöglicht, durch Abtreppen und Abstützen pflanzliche Bereiche konsequenter sichtbar zu machen. Moderne Gartenarchitektur wird durch die Einfassungen aus Corten-Stahl mit der typischen Rostoptik sichtbar, die leicht diagonal in den Gartenraum gerückt sind. So werden die harten Linien und Kanten entkräftet. Die Beete voll immergrüner Gehölze wie Buchsbaum und Eiben (*Taxus*) sind ein weiterer Versuch, die Strenge des Atriumhofes zu reduzieren. Eine Gruppe von vier Trompetenbäumen (*Catalpa bignonioides* 'Nana') stellt sowohl die Kulisse für eine weitere Sitzgruppe dar, als auch die Verbindung zur Gartenlandschaft außerhalb des Hauses. Dies übernimmt auch der große Götterbaum (*Ailanthus altissima*), der mit seinen gefiederten Blättern einen lichten Schatten bietet. So entsteht ein stimmungsvolles Ambiente, das sowohl von drinnen aus dem Wohnraum betrachtet als auch draußen im Garten erlebt zum reinen Genuss wird.

Über CORTEN- bzw. Corten-Stahl

Bei diesem modernen Material handelt es sich um eine Stahllegierung. Der Amerikaner B. D. Saklatwalla war es, der sie im Jahre 1932 zum Patent anmeldete. Die United States Steel Corporation entwickelte und schuf den Stahl mit der rostigen Patina und der hohen Witterungsbeständigkeit. In Deutschland wird CORTEN-Stahl seit 1959 produziert. Der Name der Stahllegierung basiert auf der englischen Bezeichnung „*Cor*rosion resistance" für Rostwiderstand und „*Ten*sile strength" für die Zugfestigkeit. Das Material wird für genietete, geschraubte und geschweißte Konstruktionen (Brücken) eingesetzt. Wegen seiner charakteristischen Oberfläche wird der Stahl in der Architektur geschätzt. Auch Bildhauer arbeiten gern mit diesem Material.

Entwurf Friedhelm Hellenkamp, Inspired by Nature, Icking, D
Ort Hannover, D

Minimalismus

Weg mit dem Ballast und auf das Wesentliche konzentrieren! Aber es gehört schon eine Menge Entschlossenheit dazu, sich für den Einsatz weniger Materialien zu entscheiden und beharrlich dabei zu bleiben. Doch wenn man durchgehalten hat, kann man auf das Ergebnis stolz sein.

Der Garten

Der Leitgedanke war eindeutig: Die Bauherren wünschten sich einen Garten, der dem Farb- und Materialkonzept der Innenräume entspricht. Auch als Kontrast zu den benachbarten Gärten. Hier soll die Farbe Grau dominieren mit Nuancen von Schwarz und Weiß. Deshalb kamen für den Garten vor allem Edelstahl und Basalt in Frage. Schwarz wird sichtbar, wenn das Basaltpflaster nass geworden ist.

Das Konzept

Symmetrie steht hier ganz im Vorgrund und – Edelstahl. Das elf Meter lange Edelstahl-Wasserbecken (1,20 Meter breit) liegt exakt in der Achse der Eingangs- und Terrassentür. Und wenn man durch die große Wohnhalle schaut, fällt der Blick auf das Becken mit der leuchtend roten Mauer, aus der sich das Wasser ergießt. Und ganz vorne schwimmen glänzende Metallkugeln. Das Becken ist nur zehn Zentimeter tief, weshalb der Eindruck hell und freundlich bleibt. Auch das zwei Meter hohe „Windsegel" besteht aus Edelstahl-Lochblech, das sich auf einer kugelgelagerten Mittelachse bei Wind dreht. Aus reinem Stahl sind auch die Möbel (L. Heinen, www.edles-aus-edelstahl.de), die Leuchten, die Stütze für das Stoff-Sonnensegel und die unterirdisch eingebauten Beetabgrenzungen rund um die Buchsbäume gearbeitet. Für die Terrasse wurde vietnamesisches Basaltpflaster mit ziemlich glatter Oberfläche eingesetzt (14/14/8) und auf Kreuzfuge verlegt. Auch für die Einfassung des Wasserbeckens wurde der Naturstein gewählt, um bei dem Material zu bleiben, allerdings unterbrochen durch Lichtpflastersteine in demselben Format. Dort, wo in „normalen" Gärten Rasen gesät wird, wurde Basaltsplitt flächig eingearbeitet. Das ist minimalistisch und passt in das gewünschte Farbkonzept.

Die Pflanzen

Zwei Pflanzengattungen prägen den Garten: Buchsbaum und Bambus. Buchsbaumkugeln (es waren 40 x 40 x 40 cm große Buchsbaumpolster geplant!) begleiten das Wasser. Auch die kleinen Buchsbaumhecken vor den Windsegeln sind noch in der Entwicklung ... Und der Gartenbambus (*Fargesia murieliae* 'Smaragd') vor der Sichtschutzwand auf der Rückseite des Gartens braucht zwei weitere Jahre, um den gewünschten grünen Rahmen zu bieten. Auf Stauden kann man verzichten, um sich auf die klaren Formen zu konzentrieren, die vor allem nachts deutlich werden, wenn Strahler und Leuchtsteine eingeschaltet werden.

Garten-Design Ute Wittich Gartenarchitektur, Frankfurt, D
Ort Frankfurt, D

Neues Leben

Solche Gärten, wie dieser bis vor kurzem, gibt es noch genug. Sie entstanden in der Zeit, bevor Waschbetonplatten und Bahnschwellen richtig Karriere machten. Die Terrassen waren oftmals mit roten Wesersandsteinplatten belegt, mit polygonalem, also vieleckigem Material. Das entsprach dem Geschmack der damaligen Zeit. In der Mitte dieses Gartens gab es einen sumpfigen Bereich. Anhand der sichtbaren Folie konnte man erkennen, dass der Teich unsachgemäß angelegt und inzwischen verlandet war. In alten Gärten ist alles unter die Lupe zu nehmen, was erhaltenswert ist und was nicht. Der Teich war es nicht. Oftmals sind es Bäume, die sich trotz ungünstiger Wachstumsbedingungen zu ungewöhnlichen Solitärpflanzen entwickelt haben, was bislang unbemerkt blieb. Erst wenn sie von dem Unterwuchs der benachbarten Pflanzen befreit sind, lassen sich gelegentlich Schmuckstücke erkennen. Das Verpflanzen ausgewachsener Bäume ist meist nicht ratsam, weil ihr Wurzelwerk nicht verjüngt wurde, wie es in einer Baumschule gehandhabt wird. Deshalb ist es am besten, sie an dem langjährigen Standort zu belassen. Anders verhält es sich mit Azaleen, Eiben, Kirschlorbeer und Rhododendren, die hier neu gruppiert werden konnten. Vor allem Azaleen und Rhododendren sind unkompliziert. Die Chance, dass sie gut weiterwachsen, ist gut.

Der Garten

Die neuen Besitzer kauften das Grundstück mit dem etwa 50 Jahre alten Haus vor etwa zehn Jahren. Nach der gründlichen Haussanierung konnte der Garten nicht mehr so bleiben, wie er war. Eine Nutzung stellte sich als schwierig heraus: Auf drei, vier Ebenen sind die Hausausgänge, Terrassen und der Sitzplatz im Rasen verteilt. Im Hintergrund schließt ein städtisches Waldgrundstück an. Das ist vorteilhaft, weil hier kein Bauland entstehen wird, und der Blick in den Baumbestand ist angenehm, auch wenn er die Anzahl der Sonnenstunden im Garten mit jedem Jahr ein wenig stärker mindert. Durch die Veränderung sollten mehrere Sitzbereiche entstehen, die durch einen Rundweg miteinander verbunden sind. Da am Haus bereits hellbrauner Klinker mit Schiefer verwendet war, lag es nahe, dieses Farbthema auch für den Garten zu übernehmen. Die Wahl fiel auf Basalt, der in der nahen Eifel gewonnen wird. Aus diesem Naturstein wurden die Treppenstufen gebaut, die seitlichen Stützmauern (Palisaden 0,20 x 0,10 x 1,50 Meter) und der schön geschwungene Rundweg aus Basalt-Kleinpflaster (8/10 cm), der zu einem weiteren Sitzplatz führt. Der gesamte Weg wird von einer niedrigen Buchsbaumhecke gesäumt. So wird die Form von Rasen und Weg großzügig betont. Die übrigen Wegeflächen sind mit Betonplatten (La Strada 40/40 cm) in gelblichem Ton belegt bzw. mit gebrochenem Splitt bedeckt. Das hat sich für die beiden Flächen neben den Stufen und für die erhöhte Terrasse (rechts im Foto) bewährt. Die Bepflanzung beschränkt sich weitgehend auf Grüntöne von Buchsbaum, Rhododendren, Efeu und frostfesten Kamelien. Ein blühender Garten mit Rosen und Stauden käme hier nicht in Frage. Der hohe Baumbestand hinter dem Garten lässt nur eine ruhige Stimmung zu, in der sich Pflanzen wohlfühlen und entwickeln, die leichten Schatten bevorzugen.

Gartenrenovierung Michael Zanders, Viersen, D
Ort Viersen, D

Frische Farben für den alten Garten bringen die neuen Stufen- und Wegematerialien aus Basalt, Splitt und hellem Beton. Rechts im Bild: eine malerische Magnolie als Solitär.

Outdoor Lounge

Neue Formen und Farben für den Sitzplatz. Ein Platz, der abseits des Hauses angelegt ist, muss auch als Blickfang von der Terrasse aus wirken. Er muss einladend und auffordernd sein. Da kommt jede neue Idee gerade recht.

Der Garten

Der Entwurf des jungen australischen Garten-Designers zeigt neue Wege auf. Es liegt auf der Hand, dass man dort, wo Platz ist, großzügiger entwerfen und einen sehr geräumigen Sitzplatz anlegen kann – mit Kamin für den kühleren Abend. Um den Platz mit dem integrierten Swimmingpool, der als Einheit konstruiert worden ist, großzügig wirken zu lassen, endet er nicht an einer Mauer oder Wand, sondern ausgerundet in einer Voute. Das ist ein Trick, wie ihn Fotografen gerne benutzen (allerdings meist in Weiß), wenn sie Weite zum Ausdruck bringen möchten. Auch der anthrazitfarbene Pool wird auf diese Weise verlängert. Alles ist in markantem Hellgrau gehalten, Mauern und Wände setzen sich in dunklem Schiefergrau ab. Ungewöhnlich die Wirkung des Sitzplatzes, der über dem Wasser des Pools zu schweben scheint. Und damit es in der Mittagshitze nicht zu heiß wird, ist die Outdoor Lounge leicht schattiert. Interessant auch die Bepflanzung, die dem klaren Stil des Platzes angepasst ist, wie die „Box" im Rasen beweist: Solitär-Pyramiden-Hainbuchen (*Carpinus betulus* 'Fastigiata') ergeben mit dem Teppich aus Fleischbeeren (*Sarcococca hookeriana* var. *humilis*) eine Einheit.

Garten-Design Jack Merlo, Brighton, AUS
Ort Chelsea Flower Show, London, GB

Quadratisch gut

Wenn ein Haus verkauft wird und neue Besitzer einziehen, wird das Haus renoviert und meist auch verändert. In vielen Fällen verhält es sich mit dem Garten ebenso. Die neuen Bewohner haben andere Vorlieben, sind vielleicht jünger, haben Kinder und setzen völlig andere Schwerpunkte als ihre Vorgänger. Das ist die Chance, den vorliegenden Entwurf und Bestand an Pflanzen zu analysieren und daraus ein neues Konzept zu entwickeln. Manchmal ist eine Radikalkur notwendig, wie hier ...

Der Garten

Nach der Renovierung des Hauses, bei der auch der große Glasanbau fürs Esszimmer und die Küche angefügt wurde, musste der Garten grundlegend umgestaltet werden. Das Haus steht auf einer leichten Anhöhe und die Straße führt nahe daran vorbei. Da wurde zunächst eine Hecke aus Hainbuchen (*Carpinus betulus*) gepflanzt, die die Straße verdeckt, aber den Blick in die schöne Landschaft nach wie vor zulässt. So entstand ein intimer Gartenraum, in dem nun ein Swimmingpool geplant werden konnte. Er ist großzügig und übersichtlich angelegt, sodass der Eindruck entsteht, der gesamte Garten sei dadurch größer geworden. Die gesamte Wasserfläche hat die Größe von 22 x 8 Meter und wird nur von dem Sitzplatz unterbrochen. Die Tricks und die Wirkung bei der Anlage des Wasserbereiches: Die Wasseroberfläche liegt um 50 cm tiefer als die Terrasse am Haus. Vom Esszimmer aus sieht man jetzt besser auf das Wasser, die Spiegelung ist deutlicher zu erleben, weil der Sichtwinkel günstiger ist. So stellt sich das angenehme Gefühl ein, man säße draußen im Freien. Außerdem bleibt der Blick konzentriert auf das Wasser im Swimmingpool und konkurriert nicht mit der Landschaft im Hintergrund. Zwei Terrassen wurden angelegt, die sich wie von selbst ans Haus fügen. Ein Sitzplatz ist fürs Sonnenbaden reserviert, der andere als Abendplatz zum gemeinsamen Essen, Loungen und Feiern. Die Stützmäuerchen und die Betonplatten in großzügigem Format von 80 x 80 cm sind ganz weiß gehalten. So wirkt der Garten freundlich, auch an wolkenreichen Tagen, wenn man nicht in den Pool springen möchte.

Die Pflanzen

- Die beiden quadratischen Flächen vor dem Anbau mit dem Esszimmer sind mit geschnittenem Buchsbaum dicht bepflanzt, der auf etwa 40 cm Höhe gehalten wird. In der Mitte steht jeweils ein Schlitzahorn (*Acer palmatum*).
- Die Einfassung des Grundstücks und des Swimmingpools besteht aus Hainbuchenhecken (*Carpinus betulus*), ganz vorn; diese Pflanzen lassen sich durch regelmäßigen Schnitt sehr schlank halten. Daraus ragen Feldahorne (*Acer campestre*) als Solitärbäume heraus, die als Hochhecke mit etwa zwei Meter Stammhöhe geschnitten werden, wenn sie in zwei, drei Jahren zusammengewachsen sind.
- Im Hintergrund, rechts vom Haus, steht ein schöner Zierapfel (*Malus* 'Red Sentinel') mit lange haftenden Früchtchen.

Entwurf Kristof Swinnen, Sint-Niklaas, B
Ort Sint-Niklaas, B

Skandinavien kommt!

Gibt es ein typisches Gartenbild in Skandinavien? Jede Menge gutes Design kommt aus dem hohen Norden zu uns, aber Gartenkultur? Zum Beispiel aus Schweden? Das fragten sich die Studenten des Studiengangs Landschaftsarchitektur der Uni Hannover und kamen zu dem Ergebnis, dass so etwas fehlt. Es gibt mehrere Firmen und Produkte, die mit einem positiven Schweden-Image behaftet sind wie die Traditionsmarken Ikea, H & M oder Volvo. Aber es fehlt an einem Leitbild für einen schwedischen Garten. Und die Zeit dafür ist reif!

Die Idee

Für den Entwurf ist es entscheidend, dass die Identität und der fortschrittliche Trend des schönes Landes sichtbar werden. Es ist ein Land mit innovativen Produkten, einer intelligenten Designer- und Musikszene, einer unvergleichlichen Landschaft. Schweden umfasst große Wasserflächen, das gesamte Land ist zur Hälfte bewaldet. Deshalb soll der Entwurf für den Garten klar sein und jegliche Vermischung von Stilen muss vermieden werden. Als Negativbeispiel sei genannt, wenn sich neben einem Reetdachhaus ein toskanischer Garten mit einem Koi-Karpfen-Teich erstreckt.

Der Garten

Das Konzept greift drei Elemente auf; zunächst die Pflanzen. Gleich beim Betreten des Gartens wird man von einer Reihe Weißrindiger Himalaja-Birken (*Betula utilis* 'Doorenbos') mit ihren typischen Stämmen begleitet (im Foto rechts oben). Darunter stehen, locker kombiniert, Farne und Schwertlilien (*Iris*-Barbata-Elatior-Hybriden) der feuchten, waldigen Gebiete Schwedens. Im Anschluss, hinter der Terrasse, sind Krummholz-Kiefern (*Pinus mugo* var. *mughus*) angeordnet. Die zweite Ebene umfasst die Oberflächen. Der Rasen (Typ Sport- und Spielrasenmischung als Rollrasen) zeichnet das Element verbliebener Gartenkultur und das 20 cm tiefe Wasserbecken (Aluminium, 4,00 x 1,00 Meter, geschweißt, mit Aufliegefalz als Kante) veranschaulicht sowohl die Präsenz der Seenlandschaft als auch die industrielle Prägung. Eine Fläche aus geschliffenen und polierten „Black-Beauty"-Granitkieseln demonstriert die glaziale Prägung des Landes. Um die Küste darzustellen, wurde zierliches Chinaschilf (*Miscanthus sinensis*) in streng geometrischer Form zwischen die Kiesel gepflanzt. Die dritte Ebene befasst sich mit der Raumstruktur. Sie bildet eine Symmetrie aus dem Sitzplatz (Granit „Oriental Black", 30 cm breit in anfallenden Längen, mit Philippe Starcks Sesseln „Dr. No") und dem Rasen – als Symbol für die Ausgeglichenheit Schwedens mit der Natur. Die Abgrenzung nach außen ist bewusst lückenhaft gehalten, was die Offenheit und Gastfreundlichkeit der Schweden darstellt.

Tipp für die Besichtigung: Der Garten „Smal_land – ein moderner Garten Schwedens" ist im Rahmen der Park & Garden Country Fair 2007 angelegt worden, wo er mit einem von zwei ersten Preisen ausgezeichnet wurde. Die 7,50 x 5,00 Meter große Anlage bleibt erhalten und ist in Stockseehof zu besichtigen (www.park-garden.de).

Garten-Design Timon Graf, Sven Ninnemann, Maximilian Holzhausen, Laura Winter, Landschaftsarchitekturstudenten, Hannover, D

Ort Park & Garden Country Fair, Stocksee, D

Drahtkäfige voller Steine

Trotz der erfreulichen Weiterentwicklung von Betonsteinprodukten hat sich der Einsatz von Natursteinen deutlich erhöht – als wenn neue Möglichkeiten entstanden wären. Vielleicht sind sie vorher einfach nicht genutzt worden. Landschaftsarchitekten und ausführende Firmen für Garten- und Landschaftsbau scheinen sich bei der Verarbeitung und Kombination der Naturprodukte freier zu fühlen.

Das Konzept für den Garten

Das war vor Jahren undenkbar. Eine Sichtschutzwand aus Gabionen im Garten zu errichten. Damals war der Begriff einer Gabione nur einer Minderheit bekannt. Inzwischen ist es eine gängige Methode, Gärten abzuschotten, auch wenn kein Abhang zu sichern ist. In diesem Garten sind die Gitterkörbe 1,00 x 0,50 x 0,50 Meter groß, in denen Yorkshire-Sandstein geschichtet ist. Zur Unterbrechung der langen Fläche werden einige Gabionen farblich betont: die venezianisch roten bestehen aus poliertem Marmormörtel, die weißen sind mit geätztem Glas versehen. So werten sich die Materialien gegenseitig auf. Der Gartenbereich wird von einer großen Wasserfläche dominiert, die durch einen halbrunden Weg aus französischem Sandstein elegant durchzogen wird. Perfekt, wie der Übergang von Holzterrasse zum Plattenband gelöst wurde (rechts). Blickfang vorn ist der quadratische Sandstein-Block – mit einem schönen Abschluss aus Buchsbaum (*Buxus* 'Tide Hill') gekrönt. Dahinter gibt es eine Variante des Natursteins, der hier in schmale Platten geschlagen und zu einem rechten Winkel geformt wurde.

Auf der gegenüberliegenden Seite des geschwungenen Plattenweges wurde zierliches Chinaschilf (*Miscanthus sinensis* 'Gracillimus') gepflanzt. Es sieht aus, als ob es sich um Sumpfpflanzen handelt, aber sie stehen außerhalb des Teiches in normaler Gartenerde. Und die Metallkonstruktion? Wie eine Pergola verstärkt sie die beiden gestalterischen Komponenten, die rechten Winkel und die Bögen. Sie verbindet das Wasser optisch mit den Gabionen, spiegelt anregende Reflexionen auf der Teichoberfläche und deutet die Geschlossenheit des Gartenraums an.

Naturstein in Körben

Bei Gabionen handelt es sich um Drahtkörbe (meist verzinkt), die mit Steinen gefüllt sind. Sie haben je nach der Art der Verwendung ein Volumen von bis zu vier Kubikmetern. Früher wurden sie nur zur Absicherung von Hängen im Gebirge genutzt, um den Erddruck an Straßen abzufangen, und dabei entweder senkrecht oder in entsprechender Hanglage verarbeitet. Heute werden Gabionen auch als Alternative zu Fertigteilen und Mauern gesehen. Trockenmauern in Weinbergen werden zunehmend durch Gabionen erneuert. Bei der Füllung der Drahtkörbe kann es auf die Optik ankommen. Für die preiswerten Lösungen empfiehlt sich Kiesel, sichtbar im Garten kann jede andere Steinfüllung verwendet werden. Zumindest die Ansichtsfläche sollte dann mit geschichteten Steinen ausgeführt werden (Foto).

Garten-Design Christopher Bradley-Hole, London, GB
Ort Chelsea Flower Show, London, GB

Unter Glas

Mit Räumen unter Glas sind in aller Regel Wintergärten gemeint. Es gibt aber auch gläserne Kleinsträume im Garten, die ein hübscher Blickfang sind. Die Glasglocken (französisch „cloche") gehören dazu, die über empfindliche Pflanzen platziert werden und im Frühjahr beim Vortreiben von Sämlingen und jungem Gemüse ihren Einsatz haben. Hier die englische Variante.

Der Garten

Der Engländer Peter Marston (www.marston-and-langinger.com) hat als einer der ersten nachhaltig den Bau von traditionellen Wintergärten geprägt. Auch in Deutschland. Gelegentlich wird er nach Ideen für den Gartenbereich rund um den von ihm gebauten Glasbau gefragt und da kann er sehr modern werden. Das Gelände zwischen Wohnhaus und Wintergarten (rechts im Hintergrund) wurde in drei Bereiche geteilt, die mit einem Plattenweg verbunden sind: Rasen mit augenfälligen Birken, ein flaches Wasserbecken und die Terrasse aus hellem Limestone (Sandstein). Das Wasserbecken ist mit einem Aluminium-Rahmen gefasst, 20 cm tief und in Schwarz gehalten. Auch die Basaltsteine fallen kaum auf. Wie attraktiv Glas im Garten sein kann, beweist er mit den vier 1,80 Meter hohen Glaszylindern, die schützend über die Zypergräser (*Cyperus*) gestülpt sind, um den Pflanzen ein ideales Mikroklima zu gewährleisten. Eine gelegentliche Reinigung des Glases von außen und innen ist notwendig. Dann sind die Miniglashäuser sommerlang schön.

Garten-Design Peter Marston, London, GB
Ort Chelsea Flower Show, London, GB

Volle Konzentration

Wie auch immer ein Garten angelegt ist, welche Themen und Schwerpunkte ihn auch prägen, es ist angesagt, darin einen Ort der Ruhe einzuordnen. Die Lehre des Buddhismus wirkt sich auch auf die Gartenkultur prägend aus. So werden immer häufiger nicht nur Häuser oder zumindest die Innenräume nach Feng-Shui aus- und eingerichtet, sondern auch Gärten. Und eine Buddha-Figur mit einer ausgewählten Mudra gehört dazu, als Ruhepol – oder treffender – als Zentrum.

Der Garten

Dieser Extra-Garten wurde für die temperamentvollen Haus- und Gartenbesitzer geschaffen. Inmitten des Grundstücks, wenn auch an der Grenze, die mit einer Buchenhecke betont ist, wurde der kleine Platz eingerichtet, der ganz der Besinnung dient. Dieser Bereich wirkt wie hineingeschoben in das zwei Meter tiefe Beet mit geschnittenem Buchsbaum, das durch vier im Quadrat gesetzte Kugelbäumchen unterbrochen wird. Um auf sich aufmerksam zu machen, ist der Platz um 30 cm in den Rasen hineingerückt worden. Eine Abtrennung aus Bordlinern sorgt für eine klare Schnittstelle zwischen Rasen und Strandkieseln. Die erst vor kurzem eingerichtete Zone stellt eine große Bereicherung und „Beruhigung" dar. Buddha mit der Gruß- und Verehrungsgeste ist der Mittelpunkt, der Kraft und Ruhe vermittelt. Zwei aufrechtwachsende Buchsbaumbüsche (*Buxus sempervirens* 'Rotundifolia') im Hintergrund betonen die Figur und geben ihr schützenden Rückhalt. Die Grundfläche wirkt ruhig. Die flachen Strandkiesel (beach-pebbles) sind jeder für sich ein Unikat, aber in der Gesamtheit vermitteln sie Gleichmäßigkeit. Die einzige Unterbrechung darin ist der Buchsbaum-Solitär in Bonsai-Form. Und einige Lichtquellen. Am schönsten sind die beiden Öllampen, wenn ihr flackerndes Licht in der Dämmerung eine verblüffende Kraft vermittelt. Kaum zu glauben, wie schnell sich der Stress des Alltags abbauen lässt und sich Ärger in nichts auflöst. Allein durch die Existenz einer Buddha-Figur.

Buddha und Feng-Shui

- Eine *Buddha-Figur* verkörpert die Zentrierung auf die eigene Mitte und den spirituellen Weg der Meditation und der Erleuchtung. Es gibt sehr verschiedene Handhaltungen mit unterschiedlicher Bedeutung. Nicht zu vergessen der dickbauchige Glücksbuddha, der für den Frohsinn zuständig ist.
- *Feng-Shui* ist eine fernöstliche Lehre, mit deren Hilfe Innenräume, aber auch Gartenräume in Harmonie gebracht werden können. Nach dem Wortsinn bedeutet Feng-Shui Wind und Wasser. Die Absicht von Feng-Shui ist es, den Energiefluss zu optimieren. Die Lebensenergie Chi soll in weichen Schwingungen fließen, nicht „anecken". Das Bagua besteht aus neun gleich großen Zonen, in die der Garten wie ein Raster gegliedert wird, mit Inhalten wie Familie, Karriere, Reichtum, hilfreiche Freunde. Die Zone „Wissen" dient der Ruhe und Kontemplation, die durch eine Buddha-Figur verstärkt wird. Im Zentrum des Bagua befindet sich das Tai-Chi.

Entwurf Manon Mengers, Hamburg, D
Ort Hamburg, D

Von Recycling und Ethik

Die Möglichkeiten, bereits benutzte Rohstoffe für den Garten wiederzuverwenden, stehen sicher erst im Anfang. Kompostieren ist gut, Schreddern von Ästen und Zweigen mit anschließendem Mulchen auch. Es sind die bewährten Methoden. Die Verwendung von geschreddertem Glas, auch als Mulchschicht, ist modern und Erfolg versprechend. Bunte Gartenmöbel aus wiederverwendetem Kunststoff stehen noch in der Entwicklung. Leider sind Produkte aus fairem Handel noch keine Selbstverständlichkeit, die Gewissheit, dass die Arbeit vor Ort angemessen bezahlt wird, kaum mehr als eine Hoffnung. Hoffentlich kann man bald sicher sein.

Der Garten

An diesem Mustergarten wird gezeigt, was alles vorstellbar ist, um einen Garten „guten Gewissens" anzulegen und zu genießen. Die Mauern neben der Terrassentür sind aus Gabionen gebaut. Das sind Steinkörbe aus verzinktem Drahtgitter, die meist mit Steinen gefüllt sind. Hier besteht der Inhalt aus Restmaterial von Beton- und Sandsteinplatten, die aufgeschichtet für eine klare Optik sorgen. Der Vorteil dieser etwa 50 cm starken Wand ist, dass darin die Sonnenwärme lange gespeichert und erst am Abend nach und nach abgegeben wird. So wird das Kleinklima positiv beeinflusst. Übrigens lassen sich auch Stufen aus dem Altmaterial bauen, wenn sie mit einer Platte stabilisiert werden, wie im Hintergrund zu sehen ist. Das Sitzmäuerchen und die Trittsteine im Wasser bestehen aus einem Granulat von recyceltem Klarglas, einem noch selten eingesetzten Produkt. Als Terrassenbelag sollte Holz verwendet werden, und zwar Hartholz. Dieses stammt aus einer echten Plantage, die nach öko-fairen Gesichtspunkten betrieben wird (FSC-Zertifikat). Das gilt auch für den Indischen Sandstein, auf der Basis der Ethischen Handels-Initiative (ETI) gewonnen, der den Verlauf des Wassers vom Brunnen nahe der Terrassentür bis zum schlichten Einlauf in das Wasserbecken als helles Band markiert. Es ist ein interessantes und belebendes Detail, wie die 30 cm breiten Platten den Holzbelag unterbrechen. Allerdings ist dieser schöne Effekt mit erhöhtem Aufwand verbunden. Das Wasser wird nicht einfach umgewälzt. Erst nach Durchlaufen des Wurzelwerks von Repositionspflanzen wie Schilf (*Phragmites*) wird es – geklärt – wieder zum Einlauf gepumpt.

Die Pflanzen

- Kalla (*Zantedeschia aethiopica* 'Crowborough') ziert zusammen mit Wasser-Schwertlilien (*Iris pseudacorus* 'Ivory') sehr wirkungsvoll den Zwischenraum von Wasserbecken und Mäuerchen.
- Kreuzkraut, Japanischer Goldkolben (*Ligularia dentata* 'Desdemona') schafft mit dem großen, dunkelroten Laub eine farbliche Verbindung zur Holzterrasse, im Spätsommer bilden sich dunkelorange Blütendolden.
- Schaublatt (*Rodgersia podophylla* 'Rotlaub') mit dem rötlichen Blattaustrieb ist imposant. Im Sommer blüht es herrlich weiß.

Garten-Design Scenic Blue Team, Faversham, GB
Ort London, GB

Willkommen!

Eine gute Planung für den Vorgarten, den Eingangsbereich eines Hauses oder Bürogebäudes ist wichtig, sogar entscheidend wichtig. Sie muss funktional, aber auch einladend wirken. Ein bequemer Weg, mindestens 1,20 Meter breit, gehört ebenso dazu wie eine Bepflanzung, die stets überraschen soll. Hinzu kommen noch Anschlüsse an die Garage oder den Carport, die Klingelanlage mit dem Posteinwurf und der Stellplatz für die Mülltonnen. Kompliziert wird es, wenn der Zugangsweg lang ist und der Hauseingang versteckt liegt. Da sind einige Tricks gefordert, um den Besucher zu führen und den Bereich anregend zu machen, dass der vielleicht auch wegen der vielen Stufen etwas beschwerliche Zugang unterhaltsam wirkt.

Der Garten

Wie lässt sich erreichen, dass der Eingangsbereich, der Weg zum Haus, einladend wird? Immerhin stand hier vorher eine Tankstelle, das Umfeld musste also grundsaniert werden. Der Höhenunterschied von fast einem Meter erschwerte die Situation. Zunächst war es notwendig, den Bereich des Vorgartens durch Mauerscheiben abzufangen. Um den „Aufstieg" zum Hauseingang und die Treppe optisch hervorzuheben, wurde geschickt vorgegangen: Dort, wo die Stufenanlage vorgesehen war, erhielten die Mauerscheiben eine blendend weiße Oberflächengestaltung (Dyckerhoff Weiß), die grauen Wände daneben wurden in geschliffener Terrazzo-Qualität gearbeitet. Anschließend wurde die Stufenanlage in dem schönen, warmen Rotbraun (Typ „Rosso Verona") in den rechten Winkel der Mauerscheiben eingepasst. Und dann ergab sich noch ein kleiner Vorplatz mit einem breiten Plattenband, auf dem zwei schlanke, doppelwandige Zinkkübel postiert werden konnten. Oberhalb der Stufenanlage wird der Eingangsweg zum Haus durch eine kleine Gruppe von Apfeldorn-Bäumen (*Crataegus* 'Carrierei') hindurchgeführt. Auf der linken Seite sorgt eine ein Meter hohe Eibenhecke (*Taxus baccata*) dafür, dass der dahinterliegende Sitzplatz gut abgeschirmt ist. Insgesamt acht hochstämmige Blauregen, auch Glyzine genannt (*Wisteria*), sind vor allem während der Blütezeit ein Traum. Aber auch später im Jahr bilden sie eine attraktive Bereicherung für den ungewöhnlichen Garten vor dem Haus.

So blüht der Blauregen

Das ist ein bekanntes Problem. Der frisch gepflanzte Blauregen blüht nicht, weder im ersten noch im zweiten und auch im Folgejahr nicht. Da hilft meist nur ein entschiedener Rückschnitt. Am besten nur Pflanzen aus Stecklingen und veredelte Pflanzen verwenden. Pflanzen aus Samen sehen genauso aus, aber haben schlechte Blühgene. Es bewährt sich, die Triebe gleich nach dem Pflanzen resolut zurückschneiden. Blauregen blüht am mehrjährigen Holz, deshalb Vorsicht beim Rückschnitt im Sommer. Nicht die blütenbildenden Triebe entfernen, sondern überflüssige Seitentriebe und, falls notwendig, einen der Leittriebe bis ins alte Holz stutzen.

Gartenentwurf, Ausführung Hans Fahrion, Notzingen, D
Ort Wernau, D

Zwischen Himmel und Erde

Es muss schon ein besonderer Grund vorliegen, wenn ein Sitzplatz oberhalb des Gartenniveaus geschaffen wird. Vielleicht lockt die bessere Aussicht, die man sich von einem erhöhten Standort verspricht. Oder ist es die Abgeschiedenheit, die Ruhe ohne Handy und Laptop, die bessere Luft oder ganz einfach die Freude, sich an einem ungewöhnlichen Ort aufzuhalten? Ganz im Trend liegen Baumhäuser, deren Fundament kräftige Äste alter Bäume bilden. Zu einer Art Abenteuer wird es, wenn Vater und Sohn gemeinsam solch ein Baumhaus bauen. Selbstverständlich nicht aus einem gekauften Set vom Baumarkt, sondern am liebsten mit Mitteln des eigenen Grundstücks. Das macht nicht nur Spaß, sondern erfordert von allen Beteiligten mehr Kreativität und Kompromissbereitschaft, und das Ergebnis ist individuell – und einmalig. In diesem Garten allerdings war kein Platz für ein Baumhaus.

Der etwas andere Sitzplatz

Das zweigeschossige Haus, das Familie Seiler vor einigen Jahren gekauft hatte, wies verschiedene Nachteile auf: fehlende Balkons und keinen Zugang zum Garten. Kein Problem, Balkone lassen sich anbauen, aber auf der Sonnenseite stört der Verkehr der stark befahrenen Straße und auf der Gartenseite ist zu viel Schatten. Deshalb konnte das Motto nur sein: Weg vom Haus, hin zur Sonne. Und so entstand die etwas verrückte Idee, die Gabriele Mühlen-Seiler als Architektin zu lösen hatte: Wir gehen aus der zweiten Etage über eine Brücke auf unseren Sitzplatz, eine Art Hochsitz. Das ist doch ideal: alles auf einem Niveau und trotzdem vier Meter über dem Gartengelände.

Das Sonnendeck

Nach umfangreichen Untersuchungen stellte sich heraus, dass der Sitzplatz acht bis zehn Meter vom Haus entfernt aufgestellt werden muss, um die Sonneneinstrahlung bestmöglich ausnutzen zu können. Aber welche Form soll der Platz bekommen? Quadratisch, rechteckig oder rund? Pläne wurden gemacht, verworfen, wieder hervorgeholt, bis plötzlich etwas Halbrundes entstand, eine nicht näher zu bezeichnende Linsenform, die ein wenig einer Schiffsform ähnelt. Häufig ist es der richtige Weg, die Formen des Hauses zu wiederholen. In diesem Fall löste sich die Architektin von diesem Gedanken und schuf eine ganz überraschende Form, einen schönen Gegensatz zum Haus. Etwa acht mal vier Meter sollte der Platz groß werden plus den zehn Meter langen Brückengang von der Wohnung in der zweiten Etage. Als Konstruktionsmaterial kam nur Stahl in Frage, der mit Eisenglimmer lackiert ist. Dieser Werkstoff wurde bereits bei der Hausrenovierung verwendet. Und dazu Holz für das geschwungene Geländer und den Boden des Sonnendecks (Douglasie). Per Autokran schwebten Deck und Brücke mit ihrem lichtdurchlässigen Gitterrost als Bodenbelag über das Haus und wurden gleich montiert. Anschließend ging es um die Schattierung, denn an stickig heißen Sommertagen braucht man eine Markise als Sonnenschutz. Es wurde so lange geprüft, bis die bestmögliche Neigung zur Sonne erreicht war. Dann wurde der rechteckige Rahmen aus einem U-Profil, in dem die Markise läuft, fixiert. Beweglich ist lediglich die Markise, die sich auf Knopfdruck auf der Rückseite aufrollt. Und wenn's oben zu heiß ist, bleibt der Sitzplatz unter dem Sonnendeck.

Entwurf Gabriele Mühlen-Seiler, Baden-Baden, D
Ort Baden-Baden, D

Spaß haben

Nicht jeder, der über ein Haus mit Garten verfügt, bringt ein Gespür fürs Grün mit oder liebt Pflanzen. Manche stellen keine Ansprüche an das Umfeld. Eine Terrasse, Rasen und ein paar Sträucher – alles pflegeleicht – sind genug. Es ist oft eine Frage des Alters, ob und wann der Garten im Leben eines Menschen eine Rolle spielt. Wer als Kind das Vergnügen hatte, im Grünen aufzuwachsen, hat eine gute Basis für ein späteres Gartenverständnis. Oftmals entsteht das persönliche Gefühl für Pflanzen und Garten erst dann, wenn man seinen Kindern (und manchmal auch sich selbst) die Natur näher bringen möchte. Aber wenn es um die regelmäßige Pflege des Gartens geht, kann die Liebe zu Pflanzen an ihre Grenzen stoßen ...

Der Entwurf

Hier war ein Garten gefragt, der seine Besitzer nicht herausfordert. Mark Ashmead hat diesen Show-Garten für ein berufstätiges Paar entworfen, das kein Interesse daran hat, Radieschen zu ernten, Rasen zu mähen, Rosen zu schneiden oder gegen Blattläuse vorzugehen. Ihre Freizeit ist knapp bemessen. Alles, was die beiden brauchen, kaufen sie ohnehin im Supermarkt. Und die Blumen für die Vase gleich dazu – die brauchen sie nicht im Beet. Was sie vom Garten erwarten, ist vor allem die Möglichkeit, spontan relaxen zu können und mit Freunden zu feiern. Alles muss unkompliziert sein. Da dürfen nicht erst große Vorbereitungen getroffen oder müssen schwere Teakholzmöbel arrangiert werden. Improvisieren ist angesagt und man setzt sich dorthin, wo es sich gerade anbietet oder die Sonne scheint. Deshalb sollte der Garten vor allem praktisch und zweckmäßig sein. Die Bepflanzung ist nichts Besonderes (für Menschen, die daran interessiert sind), sondern unkompliziert. Die wenigen Bäume und Stauden wachsen hier so selbstverständlich, als wenn sie niemals an einem anderen Platz gestanden hätten.

Der Garten

Mehrere Kreisformen gestalten den formalen Garten, der durch eine Sichtschutzwand, zusammen mit einer aufgefächerten Metallpergola, in zwei Bereiche geteilt wird. Im Vordergrund, gleich vom Wohnraum aus zu erreichen, liegt der Garten zum Feiern. Hier ist alles rund: die Stufen, die auf zwei verschiedene Weisen von der Terrasse am Haus auf den tiefer liegenden gepflasterten Sitzplatz führen, und die runde Sitzbank, der „Mittelpunkt" der Pergola. Drei hochstämmige Hainbuchenbäume (*Carpinus betulus* 'Fransfontaine') mit einem bunt bepflanzten Staudenbeet darunter begrenzen malerisch den Gartenraum. Hier sind sogar Lautsprecher installiert, damit schnell eine gute Lounging- und Club-Atmosphäre entstehen kann. Rechts zwischen den Trennwänden geht es in den ruhigeren, den privaten Gartenbereich. Hier kann man in Ruhe relaxen und von seinem Job entspannen. Garten muss nicht nur Arbeit heißen, man kann ihn einfach nur genießen und Spaß haben. Das genügt – auch dem Garten-Designer.

Garten-Design Mark Ashmead, Chelmsford, GB
Ort Hampton Court, GB

Frisch, klar, männlich

Männer erleben und planen Gärten anders als Frauen. Klare Formen und Rasenflächen, die sich bequem mähen lassen, stehen weichen Umrissen, verspielten Staudenbeeten und Rosenbögen gegenüber. So ist die gängige Meinung. In einer optimalen Partnerschaft wird sich meist ein Kompromiss für eine gemeinsame Gartengestaltung und ein gemeinsames Gartenvergnügen finden lassen. Häufig endet aber solch ein Kompromiss darin, dass den Frauen die kreative Leistung und Inspiration überlassen wird und den Männern die Realisierung ihrer Ideen und Vorstellungen bleibt – entweder durch finanzielle Unterstützung oder durch persönlichen körperlichen Einsatz (Mauern bauen, Bäume pflanzen oder fällen, Rasen mähen). Aber gibt es tatsächlich diese deutliche Trennung nach Geschlechtern? Eigentlich schon. Gärten nach weiblichem Bauchgefühl angelegt sind viel stärker auf das Dekorative ausgelegt (Ausnahme: siehe Seite 56). Hier jedoch wurde ein schnörkelloser Garten kreiert, der nicht auf einen Ausgleich Rücksicht nehmen muss, sondern konsequent männlich wirken soll.

Der Garten

Den Mittelpunkt des ungewöhnlichen Gartens bildet der kreisrunde Pool. Er nimmt etwa die Hälfte der gesamten Gartenfläche ein und dominiert. Seine geometrische Form wird durch den Sitzplatz aus Beton mit Kalkstein (Limestone) betont, der sich in Terrassen um das Gewässer schmiegt. Elegante Stufen, die auch der Rundung folgen, führen von der Terrasse auf die untere Ebene. Der Wasserzulauf unter dem Holzdeck und der trichterförmige Stahlüberlauf sind nicht nur raffiniert eingefügte Hingucker. Sie beleben den schönen, so männlichen Gartenraum auch akustisch, wenn das Wasser darüber rinnt. Ansatzweise erinnert die Gestaltung an antike Amphitheater oder die eines römischen Bades. Sichtschutz und blaue Sonnenblenden, die eher Schmuckwerk sind als für eine Schattierung sorgen, geben sich farbenfroh und entsprechen dem Lifestyle der heutigen jungen Generation. Für den Sitzplatz wurde gehobeltes Eichenholz verwendet, das sich farblich perfekt unterordnet. Designer Sturgeon: „Ich habe Materialien verwendet, die wir Männer von dorther kennen, wo wir gerne sind und uns wohlfühlen, dem Health Club, einer Bar oder einem angesagten Restaurant." Die Einrichtung ist entsprechend spärlich und designorientiert gehalten. Mit wenigen Accessoires, die der renommierte Mode-Designer Matthew Williamson entworfen hat, wird eine Zen-Gartenatmosphäre geschaffen, in der kein Platz für Dekoratives ist. Es würde die Gedanken nur ablenken. Sogar die Pflanzen übernehmen hier die Rolle von zurückhaltendem Beiwerk. Fast wie ein Rasen fügt sich das Mooskraut an den schräg abfallenden Boden und ist eine Entsprechung zu der Sitzplatzterrasse auf der gegenüberliegenden Seite. Frauen würden sich in solch einem Garten sicherlich nicht wohlfühlen. Sie bräuchten ein paar Blumen, mehrere Tücher und ein wenig Zeit für die Veränderung und schon wäre die Verwandlung perfekt. Aber dazu soll es nicht kommen. Ein männlicher Garten – für ein paar Tage während der Chelsea Flower Show in London – sei den männlichen Besuchern durchaus gegönnt.

Garten-Design Andy Sturgeon, Brighton, GB
Ort Chelsea Flower Show, London, GB

Ein geschickt abgetrennter Gartenraum als Wellness-Bereich für Genießer und Design-Fans. Beim sanften Rauschen des Wassers macht das Relaxen uneingeschränkt Freude.

Die **modernen** *Komponenten*

Kunst am Kloster

Alte Gemäuer kann man renovieren, um das Alte zu erhalten und es nicht in Vergessenheit geraten zu lassen. Interessanter sind Neuerungen. So haben es viele Generationen gemacht, um ihren eigenen Stil und Modernität einzubringen. Bei Gärten ist es ähnlich, sie sind jedoch vergänglicher. Aber es lohnt sich trotzdem!

Der Garten

Wenn man nicht das Herkömmliche konservieren will, warum nicht mal etwas völlig Anderes probieren, zum Beispiel Kunst? Sonia Lesot und Patrice Taravella haben es gewagt und mit Erfolg realisiert. Auf dem Gelände eines Klosters, des Prieuré Notre-Dame d'Orsan, schafften sie ungewöhnliche Kunstwerke, die ihre Wurzeln im Mittelalter haben. Im Schutz der beiden Wirtschaftsgebäude wurde ein temporärer Garten angelegt. Den Hintergrund bildet eine grüne Wand aus schmal geschnittenen Linden (*Tilia*), die an ein grün überzogenes Gemäuer mit Fensteröffnungen erinnert. Davor liegt der Garten, dessen gesamte Fläche, von den kreuzförmig gezogenen Wegen einmal abgesehen, mit Weizen angesät ist. Ringsum und zur Einfassung der Wege sind Bambushalme zu einem hübschen Rhombenmuster gesteckt. Die oberen Enden der „Bambusstäbe" wurden mit Schneckenhäusern verschlossen. Das ist, vor allem mit dem perfekten Schattenwurf, Kunst im Garten und auch sicherer für Kinder.

Garten-Design Patrice Taravella, Maisonnais, F
Ort Maisonnais, F

Angenehme Badetemperatur

Einen bestehenden Garten umzugestalten, ist ein großes Vergnügen. Vor allem dann, wenn die Hausbesitzer neu eingezogen sind und sie deshalb keine starken Bindungen an die bestehende Anlage haben. Ohne auf emotionale Gefühle Rücksicht nehmen zu müssen, können mehr Ideen geplant und realisiert werden. Das Plus ist außerdem, dass in der Regel große (alte) Pflanzen vorhanden sind und „übernommen" werden können, um in das Konzept eingearbeitet zu werden. Der neu anlegte Garten sieht dann schneller fertig und eingewachsen aus, selbst wenn der Rasen noch ein wenig spärlich sprießt.

Der Garten

Wasser in Form eines Teichs und eines Swimmingpools gab es in diesem Garten schon immer, seitdem das Haus vor einem halben Jahrhundert gebaut worden ist. Zweimal wurde das Haus saniert und zweimal wurde der Garten überarbeitet, dieses Mal mit einer besonders großen und schönen Anlage. Grundlage bildet der frühere Swimmingpool, der zu einer großen Wasseranlage erweitert wurde. Das ehemalige Becken lag etwa zwischen dem Steg (links) und der Einstiegsleiter. Reizvoll ist, dass der neue Schwimmbereich winkelförmig um die Fläche im Vordergrund erweitert werden konnte und nun Anschluss an die Terrasse hat. Wände aus Schalungssteinen, die mit einem starken Vlies und spezieller Folie überzogen bzw. abgedichtet sind, trennen den zwei Meter tiefen Schwimmbereich von der flachen Pflanzzone. Bei dem hier eingesetzten Teichmeister-System wird diese vergleichsweise klein gehalten. Es muss nur etwa 20 % der gesamten Wasseroberfläche als bepflanzte Filterzone vorgesehen werden. Im Vordergrund und hinten sind diese Bereiche zu erkennen, die mit Gelber Sumpfiris (*Iris pseudacorus*) und Rohrkolben (*Typha laxmannii*) bepflanzt sind. Das Lochgitterband (vorn) verhindert, dass belastetes Wasser (vom Dach) in den Schwimmteich gelangt und den Kreislauf stört. Die Stahlrinne ist ein notwendiger Kompromiss für den Notfall, falls es in Strömen gießt. Die Materialien für Terrassen und Wege sind schnörkellos schön: extra starkes Betonpflaster, 64 x 30 x 12 cm groß, und naturbelassenes Lärchenholz sorgen für eine moderne Gartenatmosphäre.

Das System des Schwimmteichs

Der Schwimmbereich ist zwei Meter tief und wird durch senkrechte Wände (z. B. Beton) abgeteilt. Seitlich wird eine flache Filterzone voller Sumpfpflanzen aufgebaut. Sie enthält Kies, das Filtergranulat „Aqua-Superton", das den Lebensraum für die Mikroorganismen bildet, sowie spezielle Repositionspflanzen (Rohrkolben, Schilf), durch deren Wurzelsystem mittels einer Umwälzpumpe das Wasser geleitet und gereinigt und ohne weiteren Wartungsaufwand klar und hygienisch sauber gehalten wird. Ein Skimmer saugt ständig das Oberflächenwasser an. Das Teichwasser ist als geschlossenes System zu verstehen, bei dem auf weiteren Zulauf verzichtet werden soll. Info: www.teichmeister.de.

Gartenplanung, Ausführung Hans Fahrion, Notzingen, D
Ort Kirchheim-Teck, D

Der Garten als Event

Gärten können einladend und schön sein, atemberaubend und langweilig. Aber nur selten berauschen und überraschen sie. Das lässt sich ändern; vor allem an ungewöhnlichen Orten, auf einer begehbaren Dachfläche, die als Garten genutzt werden kann, oder einem eng begrenzten Atriumhof kann „experimentiert" werden. Mit ungewohnten Effekten und Elementen sollen alle Sinne gefordert werden. Da sind unbekannte Pflanzen gemeint, neue Materialien, deren Oberflächen eine ungewohnte haptische Wahrnehmung auslösen, viel Licht und exotischer Duft.

Der Garten

Philip Nash hat nichts für liebliche, verträumte Gärten übrig. Sein Leitmotiv ist die Konzentration auf die Kernelemente, wie er sie nennt, auf klare Linien, zeitgemäße Materialien und eine Pflanzung nach architektonischen Gesichtspunkten. Der Bildhauer entdeckte während seines Studiums seine Liebe zu moderner Architektur und die Gartengestaltung als Teil davon. Deshalb kennt er nicht den „üblichen Weg", einen Garten zu entwerfen und Pflanzen zu kombinieren, die in dem Klima wachsen. Er geht nach grafischen Gesichtspunkten und wählt aus, was spontan gefällt. Das ist eine neue Grundlage, einen Garten zu kreieren, als Ereignis, bei dem alles anders ist, als es gewohnt ist. Kein Rasen, keine Rosen, keine Betonplatten und kein Holzbelag. Angesagt sind vielmehr Glas, Stahl und Licht. Der Garten gleicht einer Bühne mitten im Showroom. Geheimnisvoll, wie sich die Lichter auf der Wasseroberfläche spiegeln. Breite Stahlträger (200 x 100 mm) legen sich um den Garten, fassen das Wasserbecken ein. Der Weg in den Event-Garten führt über eine Platte aus strukturiertem Glas, die als Brückenweg über das Wasserbecken gelegt ist. Die Terrasse besteht aus türkischem Kalkstein, der von Stahlträgern gehalten wird. Das Verblüffende ist die steinerne Tischplatte, die sich wie aus dem Bühnenkeller heraushebt und von zwei starken Glasscheiben gehalten wird. Diesem Stil angepasst, wurden zwei Bänke mit gläsernen Sitzflächen in das Pflanzbeet angeordnet. Alles geradlinig, alles cool. Auch die Wände in hellem Zementgrau mit breiten Schlitzen, aus denen das grelle Licht der Leuchtstoffröhren scheint. Ganz soft dagegen die LED-Lichtpunkte auf dem Wasser. Und die Pflanzenauswahl spiegelt die ungewöhnliche Architekur des Gartens wider. Den Solitärpart, als Ersatz für den überlieferten Hausbaum, übernimmt eine Palme, und zwar die malerische Hanfpalme (*Trachycarpus fortunei*). Deutlich mehr Stämme, die im botanischen Sinne Halme sind, hat die Pflanze links hinten zu bieten: eine der schönsten Bambusarten, *Phyllostachys vivax* 'Aureocaulis'. Das Wasserbecken wird von Pflanzen mit den verschiedensten Exoten belebt: mit blaubereiften Agaven (*Agave americana* 'Glauca'), die in einem wasserdichten Gefäß stehen, einem Relikt aus der Eiszeit, dem Winterschachtelhalm (*Equisetum hyemale*), und ganz rechts einer Yucca mit strahlenförmigen Blättern (*Yucca rostrata*). Und was grünt oben auf der Mauer? Es ist ein grünes Band aus Gräsern, der Steifen Segge (*Carex elata*). Das ist Gartenarchitektur einmal ganz anders – modern, und zwar unter architektonisch-künstlerischem Aspekt.

Garten-Design Philip Nash, Hampton Hill, GB
Ort Chelsea Flower Show, London, GB

Es lebe der Waschbeton!

Als wenn es ihn nicht lange genug gegeben hätte (sehr beliebt in den Siebzigerjahren) und alle Welt sowieso auf der Suche nach Alternativen ist oder sich mit strukturiertem Sichtbeton und fein polierten Oberflächen befasst! Da werden plötzlich neue Strukturen von Waschbeton sichtbar, wogegen nichts zu sagen ist, denn eigentlich handelt es sich um ein vielseitig verwendbares Material, wenn seine Möglichkeiten nur nicht überstrapaziert worden wären! Was eigentlich ist Waschbeton? Es ist ein Beton, bei dem die Gesteinskörnung durch eine besondere Oberflächenbehandlung freigewaschen wird. Die Gussform wird vorher mit einem Mittel eingestrichen, die das Abbinden der Oberfläche verzögert. So kann die Zementschlämme mit einem Hochdruck-Wasserstrahl ausgewaschen werden. Wenn Waschbeton eingesetzt wird, waren und sind immer noch die Körnungen von rundem Leinekies und Basaltsplitt üblich. Aber es gibt neue Möglichkeiten, Waschbeton wieder attraktiv zu machen und zeitgemäß einzusetzen.

Der Garten

So schön kann Waschbeton sein. Eine fast schon überholte Technik wird für den Garten neu entdeckt. Waschbeton für die Sitz- und Lärmschutzwand bietet einen idealen Hintergrund. Statt einer feinen Struktur wird ein ungewohnt grobes Steinmaterial verwendet, das in einem schönen Kontrast zu dem hellen Betongrau steht. Es handelt sich um Mauern mit einer Sichtfläche aus Flintsteinen. Das ist eigentlich ein ungeliebtes Material, das aussortiert wird, wenn Rollkieselsteine ausgebracht werden sollen. Doch die Zeiten haben sich geändert. Wo anstelle runder Steine auch kantiger Splitt und Schotter in Mode kommen, sind Flint- oder Feuersteine auch nicht mehr lästig. Die Steine dieser Gartenanlage stammen aus der Nordsee von der Ostküste Englands, wo sie in großen Klumpen vorkommen. Sie wurden dann in handliche Formate gespalten und als attraktive Verblender der Mauern in Kalkmörtel verlegt bzw. ausgewaschen. Die Oberflächenstruktur der Steine ist so lebendig, dass sie auch an der zwei Meter hohen Mauer interessant wirkt. Mit der Kombination des Red-Cedar-Holzes, der üppigen Bepflanzung mit den crèmeweißen Blüten und der geradezu edlen Oberflächenstruktur der Flintstein-Mauern ist ein Bild von Harmonie und Modernität gelungen.

Die Pflanzen

Der weißblühende, wenn auch giftige Fingerhut (*Digitalis purpurea* 'Albiflora') ist im Juni ein Highlight im Garten, auch schon wegen seiner Höhe von bis zu 180 cm. Obwohl er gern im Hintergrund steht, weil es dort etwas schattiger ist, wird er keinesfalls übersehen. Sein kleinerer Begleiter ist die zierliche Hainsimse mit den crèmefarbenen Blüten (*Luzula nivea*) und der blaue Dauerblüher, die Katzenminze (*Nepeta × faassenii* 'Walkers Low'). Ganz hinten, neben den leuchtenden Fingerhüten, steht die schlanke Säulenpappel (*Populus nigra* 'Italica'), die als feuchtigkeitsliebender Baum an den Herkunftsort der Flintsteine aus der Nordsee gestalterisch erinnert.

Garten-Design Marcus Barnett, London, Philip Nixon, London, GB
Ort London, GB

Garten-Puzzle

Ist die Gartenplanung mit dem berühmten Legespiel-Klassiker zu vergleichen? Manchmal schon. Schließlich besteht ein Garten aus mehreren Teilen, die mit mehr oder weniger Geschick und Können zu einem schönen Ganzen zusammengefügt werden. Da geht es um die Anordnung und die Größe der Terrasse und Wege, der Beete, Hecken und Bäume. Und ganz verstärkt auch um die Farben der Materialien von Platten und Stufen – und von Blättern und Blüten. Und am besten ist es, wenn die Gestaltung nicht als harte Arbeit angesehen wird, sondern vielmehr spielerisch. Dann klappt's mit dem Gartenentwurf meist besser.

Der Garten

Für diese Anlage wandte der Garten-Designer ein Wechselspiel verschiedener Komponenten an, die sich ähneln. Er bezeichnet ihn als Hortus conclusus, als einen eingefriedeten Garten, der allerdings auch innerhalb der Fläche mehrere kleinere Räume entstehen lässt. Insgesamt elf hohe Hainbuchenhecken (*Carpinus betulus*) sorgen für die Unterteilung, nehmen dieselbe Richtung auf und stehen in unterschiedlichen Längen versetzt neben- und hintereinander. Im Vordergrund ist die zwölfte „Hecke" positioniert, etwas Besonderes. Schlanke Eichenbretter sind senkrecht in ein Splittbett nach dem Quincunx-Muster angeordnet, einer alten Säulenanordnung in der Stellung der Fünf auf einem Würfel. Dies war in den frühen arabischen Gärten üblich. So entsteht hier eine Trennung der Gartenräume, ohne völlig abzuschirmen. Dank der hellen Hölzer ergeben sich hübsche, reduzierte Durchblicke. Der Besucher kann für sich sein, ohne sich beobachtet zu fühlen. Die Gestaltung der Wegeflächen und der Wasserbecken ähnelt ebenfalls sehr einem Puzzle. Die dünnen Platten aus italienischem Basalt sind geschickt aneinandergesetzt – im Wechsel mit den schmalen Wasserbecken, die durch Kanäle miteinander verbunden sind. So entsteht der Eindruck, die Platten treiben auf dem Wasser. Als Kontrast zu den grauen Steinplatten, die bei Nässe sehr dunkel werden, bieten sich Rasengrün und beige Kiesflächen an.

Die Bepflanzung

Schöne alte Strauchrosensorten werden von üppigen Stauden und Gräsern in ihrer Farbwirkung unterstützt. Duftende Gallica- und Bourbonrosen wie die Sorten 'Louise Odier', 'Mme Isaac Pereire' und 'Tuscany Superb' gehören dazu. Die Stauden wurden nach ihrer Farbe ausgewählt. Zu der Auswahl zählen Ochsenzunge (*Anchusa italica* 'Loddon Royalist'), Wiesenknöterich (*Bistorta officinalis* 'Superba'), Knautie (*Knautia macedonica*) und Purpurklee (*Trifolium rubens*). Die Bepflanzung wird von Ziergräsern optisch zusammengehalten. Diese Aufgabe übernehmen Schmiele (*Deschampsia cespitosa*), Kopfgras (*Sesleria caerulea*), Reitgras (*Calamagrostis × acutiflora* 'Karl Foerster') und rechts im Vordergrund das Riesenfedergras (*Stipa gigantea*).

Garten-Design Christopher Bradley-Hole, London, GB
Ort London, GB

Glasperlenspiel

Die Wahl für den Terrassenbelag fällt fast immer schwer und ist häufig eine Kopf- oder Bauchentscheidung, unabhängig von den zu erwartenden Kosten. Soll es etwas Praktisches sein oder ein Material mit gemütlicher, warmer Ausstrahlung? Welcher Farbton passt zur Fassade? Also lautet die grobe Richtung: Soll es Naturstein, Beton oder Holz sein? Oder vielleicht Kies? Und dazu gibt es unendlich viele Zwischenstufen und Kombinationen, was die Entscheidung nicht gerade leicht macht. Wenn die Paletten aufs Grundstück gehoben werden, auf denen die aufgeschichteten Steinplatten mit rostigen Metallbändern zusammengehalten werden, ist so mancher wieder völlig verunsichert. Da kann man dann nur hoffen, bei der Auftragsvergabe vor einigen Wochen die richtige Entscheidung getroffen zu haben. Nicht nur was das Material angeht, sondern auch den angeforderten Bedarf.

Der Garten

Dieser kleine Ausschnitt zeigt, welche Möglichkeiten es heuzutage gibt – für denjenigen, der es farbenfroh liebt. Da wird der Sitzplatz nicht nur aus einem einheitlichen Plattenmaterial belegt, sondern mit schillernden Glasperlen ergänzt. Allein der Zugang zu dem kleinen Teich mit der glitzernden Kugel ist originell gestaltet. Der Abschluss der drei Plattenstreifen ist konkav abgerundet und wird seitlich von Stegen flankiert. Wie ein Mosaik sind die Glasperlen in Blaunuancierungen in die Stahlformen geklebt.

Garten-Design Alan Sargent, Ashbourne, GB
Ort London, GB

In der Balance

Bei aller Begeisterung darüber, dass alles möglich ist, so viele Materialien und faszinierende Techniken zur Verfügung stehen wie niemals zuvor, ist es nicht zwingend erforderlich, auch alles Mögliche zu versuchen. Es ist unbedingt notwendig und gut, Neues zu probieren und die Wirkung abzuwarten, aber die meisten dieser Versuche sollten dieses Stadium nicht verlassen. Für den Entwurf und die Realisation eines Gartens hat es sich bewährt, daraus zu lernen und nur das Wichtigste daraus zu übernehmen. Gilt das auch für die Auswahl der Pflanzen? Sind Palmen und Olivenbäume die richtige Wahl? Ja, wenn es gewünscht wird. Es bleibt immer das Ziel, einen Garten für seine Bewohner zu machen und nicht allein für die Optik.

Der Garten

Das Einfachste ist meistens auch das Beste, dachte sich die renommierte Garten-Designerin und setzte es hier um. Ihr Konzept ist eindeutig und strahlt eine erstrebenswerte Balance aus. Es gibt zwei Aspekte: Einerseits ist der Fokus das Edelstahl-Quadrat, andererseits handelt es sich um eine schlichte Raseninsel von einer ruhigen Wasserfläche umgeben, inmitten einer heiteren Bepflanzung, der das stark südliche Ambiente nicht abzusprechen ist. Alles wirkt ruhig und ausgeglichen. Zunächst geht es vorbei an den Staudenbeeten voll Orientalischem Mohn. Setzt man dann seinen Fuß über den Trittstein auf den annähernd quadratischen Rasen, befindet man sich in einer anderen Gartenwelt. Hier ist es anregend und harmonisch – voller angenehmer Kontraste. Die gesamte Rasenfläche, deren Ecken grafisch eingekürzt sind, ist von einem Wassergraben umgeben. Hier schwimmen weder Fische noch blühen Seerosen. Aus dem Wasser ragen sechs Olivenbäume heraus, sodass man den Eindruck hat, sie schwimmen darin. Ihr silbriges Laub vermittelt das heitere Flair. Ein Hauch von Urlaub und Süden stellt sich ein. Ihre „Kübel" haben Erdanschluss und sind mit einem verzinkten Metallrahmen eingefasst. Aus diesem Material ist auch der Blickfang des Gartens gearbeitet: das gigantische Metallquadrat mit sichtbar geformter Gehrung. Durch die offene Mitte wird der Blick in die Tiefe des Gartens auf den Acrylglas-Brunnen von William Pye gelenkt. Passend zu Oliven und Stahl wurde grauer italienischer Naturstein Pietra Serena gewählt. Nur ein paar Farbakzente der Stauden heben seine Strenge auf und bilden die gelungene Balance.

Die Pflanzen

Die Olivenbäume (*Olea europea*) wachsen hier auf „Inseln". Im milden englischen Klima überstehen die Bäume die Wintermonate meist problemlos. Bei uns brauchen sie bei einer längeren Frostperiode Winterschutz. Der Versuch lohnt sich, weil Oliven einen so schönen Wuchs haben. Tipp: Werden sie im Frühjahr gepflanzt, haben sie Zeit, sich an dem neuen Standort zu akklimatisieren. Der Türkische Mohn (*Papaver orientale* 'Orangeade Maison') ist ein herrlicher Blickfang im Frühling. Er wird durch Schafgarbe (*Achillea* 'Terracotta') und Wermut (*Artemisia*) ergänzt.

Garten-Design Arabella Lennox-Boyd, London, GB
Ort London, GB

Kurze Wege

Vorgärten wären ein eigenes Buch wert (gibt es aber bereits), weil sie so verschieden sind und genutzt werden. Meist haben sie etwas, was den Bewohnern missfällt. Am häufigsten sind sie entweder zu groß oder sie sind zu klein. Oftmals liegen sie ungünstig zur Sonneneinstrahlung. Was aber tun, wenn man keine andere Wahl hat, als den Schwerpunkt seines Gartenlebens zwischen Straße und Wohnhaus zu legen? Es wird der Garten vor dem Haus eingerichtet und man hat sich damit ein großes Plus verschafft – einen Garten der kurzen Wege, auch zur Küche.

Der Garten

Wohnhäuser aus der vorigen Jahrhundertwende haben viel Charme, aber häufig wurden sie – nach heutigen Gesichtspunkten – viel zu tief ins Grundstück gerückt, nur um die Fassade gut zu präsentieren. Das bestätigt sich auch bei diesem Haus. Den Garten vor dem Haus als Abstandsfläche zur Straße zu nutzen, wäre schade. Deshalb entschieden sich die Gartenarchitekten, den Bereich vor dem Haus als zentralen Gartentreffpunkt anzulegen. Die wichtigste Forderung war Sicht- und Lärmschutz. Mit zwei Maßnahmen konnte hier Abhilfe geschaffen werden. Der gesamte begehbare Teil des Gartens wurde um zwei Stufen tiefer gelegt als das Straßenniveau. Der andere Schritt galt dem direkten Sichtschutz an der Straße. Transparent sollte er sein. Deshalb haben die Garten- und Landschaftsarchitekten einen Rankgitterzaun entworfen, der unmittelbar an der Grundstücksgrenze aufgestellt werden konnte. Zwei Felder begleiten den Eingangsweg zum Haus und verdecken die Einfahrt zum Carport im Hintergrund. Der Zaun bietet den Vorteil einer Sichtblende, die in wenigen Jahren begrünt sein wird. Als Mäuerchen wurden Sandsteinquader verlegt, wie sie in ähnlicher Weise am Haussockel und auch als Stufen verarbeitet sind. Dieses „neue“ Material stammt aus Abbruchhäusern und gibt dem gesamten Gartenbereich eine angenehme Fassung. Bei einer größeren Gartenparty bietet sie ein zusätzliches Sitzangebot. Die Vorgartenfläche ist in vier „Räume“ aufgeteilt: zwei Sitzplätze, einen Rosengarten mit quadratischen Beeten und Buchsbaumhecken ringsum und ein Staudenbeet. Auf dem hinteren Platz musste der vorhandene große Apfelbaum ersetzt werden. Die Familie entschied sich für eine Japanische Blütenkirsche (*Prunus serrulata*). Der zentrale Sitzplatz (vorn) und Treffpunkt für die große Familie ist quadratisch und zeichnet sich durch ein dezentes Pflastermuster aus. Es ist ein Wechselspiel aus gelbem Granit-Kleinpflaster, gebrauchtem Sandsteinpflaster sowie zwei schmalen Bändern schwarz-weißer Keramiksteine. Ein schöner, weil dezenter Schmuck.

Farbige Keramikklinker

Sie werden in diesen Farben angeboten: Schieferschwarz, Naturweiß sowie Kobaltblau, Moosgrün, Sandsteingelb. Die Maße: 6 x 6 x 5,4 cm hoch oder 5 x 5 cm, jeweils passend zu Klinkerformaten. Der Vorteil: Sie lassen sich in wassergebundene Flächen einbauen. Dorrmann & Wassermann, Schulberg 17, 96482 Ahorn-Wohlbach, Tel. (0 95 65) 72 30, www.keramik-werkstatt.de.

Garten-Design Droll & Lauenstein, Coburg, D
Ort Coburg, Deutschland

Junges Design

Zu den schönsten Gärten gehören häufig diejenigen, die allmählich gewachsen sind, sich über Jahre und Jahrzehnte entwickelt haben und dabei „reif" geworden sind. Dies verlangt sowohl ein wohldurchdachtes Konzept als auch eine Vision. Nicht zu vergessen sind die Auftraggeber und Bauherren, die langfristig zu investieren verstehen. Das war früher. In heutiger Zeit ist man ungeduldiger. Vor allem junge Landschaftsarchitekten und Gartengestalter neigen deshalb zu Entwürfen, die zwar stimmig sind, aber unmittelbar nach der Realisierung den fertigen, idealen Zustand präsentieren. Ganz nach dem Motto: Warum soll ich warten, wenn ich den Erfolg sofort genießen kann? Dies gilt inzwischen auch für verschiedene Auftraggeber. Auch sie sind zunehmend getrieben, einen fertigen Garten zu ordern. Das Verlegen von Fertigrasen ist dabei fast eine Grundvoraussetzung.

Garten einer Ausstellung

In diesem Fall lautete der Auftrag für einen Showgarten in London und da war es zwingend notwendig, auf eine Sofortwirkung zu setzen: Der „Chelsea-Effekt" macht es möglich, dass während der vier, fünf Tage in der zweiten Maihälfte fantastisch realistische Gärten vorgestellt werden. Mal historisch, mal ländlich, mal surrealistisch. Jeder Gartenausschnitt muss einhundertprozentig echt wirken, denn die Konkurrenz ist groß und das Budget scheint in einigen Fällen unbegrenzt zu sein.

Der Garten

Unübersehbar, dass es sich hier um ein bisschen Schau handelt, um einen Showgarten, der nur einige Tage lang sein originelles Konzept der Öffentlichkeit präsentiert. Er ist aber vor allem ein optischer Leckerbissen für Menschen mit Interesse an grafischen Motiven. Vielleicht ist er auch ein Beleg dafür, dass der Trend zu naturalistischem Design von einer eher zeitlos eleganten Linie abgelöst wird. Der Garten wirkt wie ein Teilstück eines Schachbretts mit rasengrünen und sandsteinbeigen Feldern, die anstatt mit Bauern, Läufern und König mit Steinpyramiden und Halbkugeln besetzt sind. Die Beschränkung auf zwei Farben tut dem Auge gut: Buchsbaum- und Rasengrün und dazu Sandstein in Form von Splitt und polierten Platten als Bankauflage und Bodenbelag genügen. Auch die Kuben sind diesem Farbspiel unterworfen. Lediglich ein paar weißblühende Stauden neben der Bank lösen sich aus dem strengen Schema. Der Garten lebt vor allem von seiner Exaktheit, die durch regelmäßige Pflege erhalten werden wird. Der Rasen sollte wie ein Green eines Golfplatzes kurzgehalten und mindestens ein- bis zweimal pro Woche mit einem Walzenmäher geschnitten werden. Der Charme wäre schnell verloren, wenn die Rasengräser blühen, das Gras über die Natursteinplatten wuchern würde und die Heckenelemente des Buchsbaums nicht dreimal pro Saison einer Schur unterzogen würden. Mit einer Handschere natürlich. Eine elektrische Heckenschere sollte für solche Feinarbeit nicht benutzt werden.

Garten-Design Absolventen der Pickard School of Garden Design, London, GB
Ort Chelsea Flower Show, London, GB

Solch ein Bild in Sandstein und Grün bereichert die Gartenszene. Es könnte sowohl in einem Atriumhof stehen als auch als Kontrast innerhalb einer größeren Gartenanlage.

Lust am leeren Raum

Weniger geht nicht. Es ist die neue Form unserer Zeit, der Überladenheit und Üppigkeit zu entrinnen, der Reichhaltigkeit etwas entgegenzusetzen. Pure Bescheidenheit ist gefragt. Die Reduzierung auf das Wesentliche in der Architektur und beim Design vermittelt das geflügelte Wort „Weniger ist mehr", das Ludwig Mies van der Rohe (Architekt, 1886–1969) zugeschrieben wird. Die Lust am leeren Raum ist im Trend, ohne Schnörkel. Klarheit, einfache Formen, geometrisches Design, nichts Kompliziertes, keine überbordenden Farben. Einfache Lösungen, Solitärmöbel. Auch im Garten ist ein einzelner Blickfang wertvoll. Vorbilder sind die japanischen Trockenlandschaftsgärten aus dem 15. Jahrhundert, deren Kraft oft von einer traditionellen Steinsetzung, sparsam gewählten Pflanzen und einem Meer aus geharktem Kies ausgeht.

Der Garten

Das Klima in Arizona ist extrem. Darauf hat man sich einzustellen. Deshalb haben die Häuser klare Strukturen, flache Dächer, sind nach außen abweisend, fast fensterlos, um die Innenraumtemperatur niedrig zu halten. Und die Gartenplaner nehmen sich die umgebende Natur als Vorlage. Der Boden wird karg gehalten, hier mit dem gängigen Splitt, der die Hitze gut reflektiert, und die Bepflanzung wird auf ein Minimum reduziert. Eine Gruppe Yucca (*Yucca rostrata*), unterschiedlich in Alter und Größe, übernehmen die Rolle des in unserem Klima bekannten Hausbaums. Ganz verschämt im Hintergrund zeigt sich allerdings noch eine weitere Solitärstaude, und zwar das Afrikanische Lampenputzergras (*Pennisetum setaceum*). In unseren Gärten oder Vorgärten von Bürogebäuden sieht es manchmal so ähnlich aus (in der Hoffnung auf weitere milde Winter), wenn man sich mit minimalem Design und einer äußerst schlichten Pflanzenauswahl und Bepflanzung begnügt. Weniger ist eben mehr. Jedenfalls häufig.

Anstelle des heimischen Splitts aus Arizona ...

... wird man bei uns Kies verwenden. Fluss-, Gletscher-, Ostsee- oder Quarzkies wird in vielen Farbnuancen angeboten. Im Trend ist kantiger Splitt aus hiesigem Naturstein, wie Basalt oder Granit. Bei größeren Flächen greift man auf Schotter in größerem Format (bis Ø 60 mm) zurück. Geschreddertes Glas, meist in Blau und Flaschengrün, bietet sich auch an.

Anstelle der Yucca ...

... werden andere immergrüne Pflanzen in den Mittelpunkt gerückt: Krummholz-Kiefer (*Pinus mugo*) oder Ilex (*Ilex crenata*) in Bonsaiform. Oder Blauregen (*Wisteria*) als Solitär mit Hochstamm. In günstigem Weinbauklima (oder wenn Winterschutz möglich ist) wirkt auch ein großer Olivenbaum mit seiner markanten Rinde sehr attraktiv. Je nach Größe des Areals Gartenbambus (*Fargesia*) oder der höhere Riesenbambus (*Phyllostachys*). Info: Bambus-Informationszentrum Lehrte-Steinwedel, www.bambus-info.de.

Ort Arizona, USA

Kunststück oder Lückenfüller?

Diese Frage entsteht immer wieder bei attraktiven, ungewöhnlichen Lösungen: Handelt es sich um Kunst oder ist es nur eine Notlösung, ist es Absicht oder Zufall? Solche schmalen, leicht vergessenen Flächen, wie Verkehrsinseln es häufig sind, haben es schwer. Für eine überlegte Planung, einen guten Entwurf reichen weder der Etat noch der Wille. Früher, als noch nicht an so schöne Materialien wie geschreddertes Glas zu denken war, gab es die Felsen- oder Zwergmispel (*Cotoneaster dammeri* 'Skogholm', neuerdings auch *Cotoneaster × suecicus* 'Skogholm' genannt). So bodendeckend, wie er angepriesen wurde, erwies sich der Pflanzenwuchs dann aber doch nicht. Die langen, weitverzweigten Triebe türmten sich zu grünen Bergen auf. Noch heute sind davon Relikte anzutreffen. Zum Glück gibt es Alternativen, die keine Lückenfüller sind, wie hier zu sehen ist.

Das Konzept

Hier wird nur aufgewertet. Die zur Verfügung stehende Fläche ist klein genug, um nichts davon zu vergeuden. Also wird das einzig Richtige getan: mit allen Mitteln geprotzt. Das Blau des geschredderten Flaschenglases ist der erste Bluff. Wie von selbst wird der Blick von dem kräftigen Blau angezogen, das aus einiger Entfernung echtes Wasser vermuten lässt (obwohl Wasser in solch kleiner Fläche längst veralgt wäre). Die Überraschung ist dann perfekt: Es ist ein Glasteich und ein Material, das man sogar in die Hand nehmen kann. Weil es geschreddert ist, splittert es nicht. Die grünen Kugeln sind in Reih und Glied genau in derselben Krümmung gepflanzt worden wie die Natursteinmauer im Hintergrund. Eine Buchsbaumkugel gleicht der anderen. Ein wunderbarer Kontrast zu dem tiefen Blau, der den Pflegeaufwand ausgleicht.

Tipps

Der Einbau ist wegen der Bepflanzung ein wenig kompliziert. Normalerweise wird das geschredderte Flaschenglas (Muster anfordern, weil unterschiedliche Farbtöne angeboten werden) etwa 10 cm tief eingebaut, nachdem ein Vlies ausgebreitet worden ist. Hier kann man nicht so konsequent vorgehen, weil die Buchsbaumkugeln nicht zu tief eingepflanzt werden dürfen. Also erst die Buchsbäume pflanzen, dann den Erdaushub für das blaue Glas vornehmen. Lieferant für Glasteiche: Recycling Otto A. Müller, Hamburg, www.oam.de.

Achtung: Neue Pilzerkrankungen an Buchsbaum

Seit einiger Zeit verursacht ein Pilz die Blattfärbung, manchmal wird das Laub ganz abgeworfen. Am häufigsten befällt der Pilz den Einfassungsbuchsbaum *(Buxus sempervirens 'Suffruticosa')*. Als Gegenmaßnahme hilft zur Zeit nur „Pflanzenhygiene“: Pflanzen vor dem Kauf auf Befall bzw. Blattverfärbung (braun oder schwarz) prüfen, nicht zu dicht pflanzen, nicht oben in die Pflanze hineingießen. Winterfeuchtigkeit beschleunigt die Verbreitung. Befallene Pflanzen sofort herausnehmen und entsorgen, aber nicht auf dem Kompost!

Garten-Design Murdoch Wickham, Sevenoaks, GB
Ort London, GB

Weniger ist nicht nur mehr, es ist einfach schöner anzusehen, wenn das Buchsgrün und die Chips des blauen Flaschenglases gleich groß sind. Das ist perfekt gestylt.

Modernes Seestück

Wenn vom „Genius Loci" (dem Schutzgeist des Ortes) die Rede ist, geht es um etwas Wichtiges bei der Planung von Gärten und Gebäuden. Damit wird, im übertragenen Sinne, meist der Geist des Ortes gemeint, die Atmosphäre und Ausstrahlung. Er sollte eine positive Energie hervorrufen. Deshalb ist es ratsam, sich vor dem Kauf eines Grundstücks von dieser Atmosphäre zu überzeugen, sich Gelände und Gebäude der Nachbarschaft näher anzusehen und die Planunterlagen anfordern, aus denen hervorgeht, ob und welche Bebauungen vorgesehen sind. Ob man sich für ein See- oder Waldgrundstück entscheidet oder die Randlage einer City vorzieht, hängt im Wesentlichen von den eigenen Vorlieben und Erwartungen ab. Die müssen berücksichtigt werden, damit man sich hier zu Hause fühlt. Für diese besondere Grundstückslage (rechts) gibt es kein Vielleicht: Entweder wird der Seeblick mit allem, was dazu gehört, spontan geliebt oder abgelehnt.

Der Garten

Die Hausbesitzer dieses Terrains lieben genau diesen Ausblick in der Nähe von Bexhill in Südengland mit dem Blick auf den Ärmelkanal. Eigentlich hätte es keiner Gartenanlage bedurft, denn allein die Aussicht auf die manchmal stürmische See ist schon genug. Doch da ein geordneter Zugang sein muss, kann das Entree etwas einladender gestaltet werden. Auch wenn alles, was hier gebaut und gepflanzt wird, von ständigem Wind mit Salz und feinem Sand durchweht wird. Hinzukommt die intensive Sonneneinstrahlung. Stephen Woodhams, der mit der Planung beauftragt wurde, wählte das Motiv der Symmetrie. Er legte eine unterschiedlich breite Wegeachse vom Haus bis hinunter zum Strand, wo sie mit fünf Stufen im Sand endet. Er entschied sich für Klinker, die gut an die See passen, weil sie schnell abtrocknen und weniger zu Algenbildung neigen. Auf beiden Seiten ließ er 50 cm hohe Mäuerchen aus Sandstein bauen – als Windschutz für die schmalen Pflanzflächen. Und auch niedrige Weidenzäune, die er als „Steinbeete" mit Fundstücken vom Strand ausgelegt hat. In der Mitte der Blickachse wurde der Weg unterbrochen, öffnet sich die gepflasterte Fläche zu den beiden Rasenflächen. Dort postierte er eine flache Schale, die attraktiv mit Steinkugeln gefüllt ist. Alles wirkt einladend vor der herrlichen Kulisse – und braucht kaum Pflege.

Pflanzen für die Seeluft

Das Klima an der See ist milde, aber schwierig. Nicht viele Pflanzen vertragen die stetige salzhaltige Brise. Sanddorn (*Hippophae rhamnoides*), Steineiche (*Quercus ilex*) und Immergrüner Schneeball (*Viburnum tinus*) sind gute Windbrecher und schützen andere Pflanzen. Lavendel und Buchsbaum in Kübeln halten gut durch. Auch diese Stauden in den Beeten: Bartfaden (*Penstemon*), Bergenie (*Bergenia*), Eberraute (*Artemisia*), Fetthenne (*Sedum*), Immortelle (*Helichrysum*). Hinten, geschützt durch den Weidenzaun, steht silbriges Heiligenkraut (*Santolina*) in Reihen. Auch empfehlenswert: Apfelrose (*Rosa rugosa*) und Dünenrose (*Rosa pimpinellifolia*).

Garten-Design Stephen Woodhams, London, GB
Ort Bexhill, GB

Natur im Kleinen

Inspiration ist die ideale Grundlage für einen gelungenen Gartenentwurf. Als Auslöser und Quelle kommen Strömungen der verschiedensten Art in Frage – ganz abgesehen von der gestellten Aufgabe, den Wünschen des Auftraggebers, der Lage und dem Umfeld des Grundstücks. Einfluss auf die Kreativität nehmen die aktuelle Gartenszene, die zeitgemäße ebenso wie die klassische Architektur. Aber auch die Malerei, das Design neuer Produkte, die Mode, die Wirkung und Materialien von Schaugärten oder die klassischen Tempelgärten aus dem Fernen Osten. Doch trotz all der Ideen und Möglichkeiten bleibt dem Entwerfer etwas Entscheidendes nicht erspart: Es gehört Mut und persönliche Überzeugung dazu, etwas wirklich Neues zu kreieren. Aber das Risiko wird fast immer belohnt!

Der Garten

Minimal-Art trifft japanische Gartenkultur. Für Ästheten ist die Vielzahl von Blumen und Farben reine Verschwendung. Sie lenkt vom Wesentlichen ab. Deshalb tun die Beschränkung und Bescheidenheit der Mittel gut, die hier sichtbar werden. Christian Fournet skizziert in seinem Schaugarten eine Fantasielandschaft, die Bezüge des schottischen Hochlands, der Gletscher und der japanischen Inselwelt aufnimmt. Die Materialwahl ist äußerst sparsam, die Materialien ungewöhnlich. Kleine Sandsteinplatten, die sonst als Restmaterial behandelt werden, stellen sich hier in den Vordergrund, wo sie geschuppt und locker aufeinander zu einer fließenden Form gelegt werden. Jede Platte hat ein anderes Format, eine andere Struktur. So entsteht eine Art Gletscherstrom, der sich von der Höhe ins Tal zieht. Die grüne Hügellandschaft wird von Plattenmoospolstern überzogen. Als Symbol für das Meer hat der Designer strahlend weißen Marmorkies gewählt, der von verwitterten Findlingen unterbrochen wird, die von Algen und Moosen überzogen sind. Ein moderner Garten, durch Inspiration geprägt, der eine schöne Landschaft darstellt und die Fantasie des Betrachters anregt.

Mehr Moos!

Plattenmoos und Lappenmoos sind immergrüne Pflanzen, die auch in unseren Breiten heimisch sind. Sie wachsen auf Steinen und kommen in feuchten Wäldern und torfigen Böden vor. Die im Handel angebotenen Moose werden in Dänemark, Deutschland und Frankreich plantagenartig angepflanzt und gärtnerisch gezogen. Als Plattenmoos wird auch ein Nelkengewächs bezeichnet: Es ist das Sternmoos (*Sagina procumbens*), das in seinem Wuchs den echten Moosen am ähnlichsten ist und große Flächen überziehen kann. Ebenso häufig wird es als „Plattenmoos" in die breiten Fugen von Natursteinplatten gepflanzt. Sternmoos bringt im Mai und Juni viele weiße Blüten hervor. Es breitet sich sowohl an einem schattigen wie auch an einem sonnigen Standort aus. Ist der Platz sehr trocken, ist mehr Feuchtigkeit notwendig. Das flache Gewächs wird als Staude im Gartenhandel angeboten. Sternmoos kann auch ausgesät werden.

Garten-Design Christian Fournet, Courbevoie, F
Ort Saint Jean de Beauregard, F

Schöner schweben

Die Leichtigkeit eines Gartens ist gefragt – und hängt von vielen Komponenten ab. Ein Garten als Stimmungsaufheller, wenn man nicht auf das Dunkelgrün von Eibenhecken Wert legt oder einen derben und rustikalen Eindruck schätzt. Aber dies gehört eher der Vergangenheit an. Leichtigkeit kann entstehen, wenn Plattenflächen durch Kieswege ersetzt werden. Oder der Umfang der befestigten Flächen auf ein Minimum beschränkt wird. Dunkle Materialien (Basalt) wirken schwerer als helle (Sandstein). Und Holz als Belag für Wege und Terrasse wirkt immer einladend und freundlich. Dennoch sind Holzdecks zur Zeit seltener. Ebenso Brunnen und Wasserspiele, die durch ihren Anblick und die plätschernde Geräuschkulisse die Gartenatmosphäre beleben, wenngleich sie von radikalen Gartenästheten eine Auszeit verordnet bekommen haben. Ist auch nachzuvollziehen, denn sie standen jahrzehntelang auf der Hitliste für Gartenausstattungen. Nun werden sie durch Garten- und Lichtobjekte oder Glaspyramiden ersetzt. Oder wie wäre es mit einem spannenden Hobby? Pflanzensammeln ist Kult und macht Spaß, weil laufend Neuerwerbungen den Garten beleben.

Das Konzept

Das leicht ansteigende Gelände muss belebt, interessant gestaltet werden, damit die Tiefe des Gartens wahrgenommen wird. Es ist weder ein Sitzplatz erforderlich noch eine Pergola, die den Besucher dorthin führt, sondern lediglich ein Weg durch eine reizvolle Bepflanzung. So entstand die Idee der schwebenden Stufen. Sie wirken so bequem, dass man sich darauf niederlassen möchte. Die Maße sind 90 cm x 45 cm. Ihre Vorderkante beträgt nur 6 cm (bei einer Stufenhöhe von 14 cm), wodurch der „Schwebeeffekt" ausgelöst wird, der von Bubiköpfchen (*Soleirolia soleirolii*) liebevoll unterstrichen wird. Die zwei und drei Meter langen Stufen, die in einem Betonfundament gesichert sind, schieben sich in die Beete und mischen das Zarte Federgras (*Stipa tenuissima*), die Duftrose 'Roseraie de l'Hay' und die Salviensorte 'Mainacht' auf. Alternative für die Sandsteinstufen: „Karlsruher Gartenstein", 40 x 40 x 10/6 cm, der bereits in den Siebziger- und Achtzigerjahren als sehr gefragter Betonstein für Stufen und Mauern galt. Mit seiner U-förmigen Öffnung nach vorn eingebaut, bietet er eine ähnliche Ansicht wie die Stufen im Foto.

Schöne Pflanzen sammeln: ein liebenswerter Trend

- Funkien (*Hosta*). Die vielen unterschiedlichen Blattformen und -farben wie auch die Blüten sind ein großer Anreiz zum Sammeln.
- Lauch (*Allium*). Ein gutes Dutzend und mehr stehen zur Wahl. Nicht vergessen: Die Zwiebeln der Frühsommerblüher werden im Herbst gesteckt; im Sommer bestellen, wenn man auf eine besondere Sorte Wert legt.
- Storchschnabel (*Geranium*). Die große Gattung zählt große und kleinbleibende Arten zu ihren Favoriten. Die Neuheit 'Jolly Bee' wird hoch und zeigt ohne Unterbrechung – bis zum Frost – ihre leuchtend blauen Blüten.
- Elfenblumen (*Epimedium*) zählen neuerdings auch zu dem Trend.

Garten-Design Andy Sturgeon, Brighton, GB
Ort London, GB

Stufen zum Schweben, zum Gleiten, aber auch zum Sitzen. Sie führen nicht zu einem Ziel, zum Hauseingang oder Gartenausgang, sie selbst sind das Ziel – zum Gartenglück.

Schön spitz

In manchen Gärten geht es etwas bizarr zu. Aber das ist gut so, wenn beim Garten-Design etwas verändert und aktualisiert werden soll. Solche abstrakt wirkenden Anlagen verblüffen und scheinen weit entfernt von der Alltagstauglichkeit zu sein. Wer sich die Mühe macht, genauer hinzuschauen, wird das Wertvolle erkennen.

Der Garten

Für einen normalen Garten wirkt diese Lösung etwas gewöhnungsbedürftig. Wer würde sich darauf freuen, auf die Holzbank zuzugehen, um sich daraufzusetzen? Aber als eine Art Mustergarten ist sie perfekt. Sie zeigt, wie man mit wenigen Mitteln attraktives Design schaffen kann. „Spitz und dornig" lautet das Thema und das bezieht sich nicht nur auf die Grünpflanzen wie Agaven und Kolbenlilien (*Cordyline*) im Hintergrund. Eine von ihnen hat sich mitten zwischen die Strandkiesel, den Beach-Pebbles, verirrt. Das sind rechts und links die schönen, dunklen Steine mit weißer Zeichnung. Das Zentrum bildet ein spitzwinkeliges Dreieck aus hochkant verlegten Schiefer-Chips (Black Slate). Dies ist eine ungewöhnliche, da sehr aufwendige und teure Art der Verlegung. Die Wirkung versetzt wegen des hohen Materialverbrauchs in Erstaunen. Wer die Fläche begehbar machen möchte, verfüllt die Fugen. Aber dadurch geht der Reiz der Transparenz verloren. (Beach-Pebbles, Schiefer: NVN Natursteinvertrieb Nord in Rellingen, www.nvn.de)

Garten-Design Nick Allen, Brighton, GB
Ort Hampton Court Palace, GB

Stufe für Stufe

Höhenunterschiede beleben jeden Garten. Ob man nun eine künstliche Steigung oder Stufen vorsieht oder die natürlichen Gegebenheiten nutzt und sie verstärkt, ist für die Wirkung unwesentlich. Wichtig ist nur, dass das Gelände „bewegt" oder terrassiert wird und der Blick nicht nur auf ebenen Flächen ausruht, sondern durch senkrechte Oberflächen angeregt wird. Pflanzen, Bäume und Sträucher gehören ebenso dazu wie die harten Kanten von Beton, Naturstein oder Stahl. Das Gelände sollte vom Haus und der Hauptblickrichtung ansteigend verlaufen, weil es dann optisch gewinnt und weitläufiger oder größer wirkt, als wenn es abfallend wäre.

Der Garten

Das Spannende an diesem Gelände ist, wenn man es genau nimmt, kaum der Rede wert. Es sind lediglich drei flache Stufen, um die das Gelände leicht nach hinten ansteigt. Das Interessante an ihnen ist allerdings, dass sie den Garten markant durchziehen. Hier werden die Stufen nicht als unangenehm oder lästig empfunden, sondern deutlich hervorgehoben. Denn jede der drei Stufen durchzieht das gesamte Gelände, das Wasserbecken, den Rasen und die anschließenden Staudenbeete. Und das ist zugleich der Trick. Die Stufen in dem Wasserbecken, die ähnlich einem Wehr wirken, veranlassen, dass das Wasser gemächlich über sie hinwegplätschert. Unterhalb der Stufen sind dreieckige Pflanzbeete abgetrennt worden, in denen Kalla gepflanzt wurden. Links des Wasserbeckens wurden drei Rasenflächen geschaffen, die durch die schräg verlaufenden Stufen geteilt wurden und sich nach hinten verjüngen. Die mittlere Stufe wird durch eine ideenreiche, sehr lebendige Skulptur aus Stein und Glas betont (Lucien Simon über Hannah Peschar Sculpture Garden). Und daran schließt sich ein Mixed-Border-Beet an, in dem Stauden und Sträucher gleichberechtigt vertreten sind. Der Charme dieses Showgartens sind sowohl die modernen Materialien und die Leichtigkeit, mit der sie „in Stufen" eingesetzt wurden, als auch der Kontrast von Stahl und Stein und dem sanften Rasengrün und der Blumenüppigkeit.

Die Pflanzen

Ganz rechts steht der Blumenhartriegel (*Cornus kousa*) in schönster Blüte. Im Herbst entwickeln sich daraus himbeerartige Früchte. Gleich daneben ein hübsches Gras, die Steife Segge (*Carex elata* 'Aurea'). Im Sumpfbeet am flachen Wasser fühlt sich die Kalla wohl (*Zantedeschia aethiopica*). Ihre Blüten mit dem strahlend weißen Hüllblatt sind während der Frühlings- und Frühsommermonate eine Attraktion. Im Winter sollten die Knollen frostfrei überwintern, dann blüht sie Jahr für Jahr und immer üppiger. Hinter der Glas- und Stahlskulptur ist ein bunt gemischtes Beet mit Stauden und Sträuchern angelegt, das passend zu dem Material der Skulptur mit der Kerzen-Palmlilie (*Yucca gloriosa*) beginnt. Dahinter fügen sich Angelika, Blauregen, Buntnessel, Ochsenzunge, Pfingstrosen, Rosen, Schneeball und Taglilien.

Garten-Design Michael Balston, Patney, GB
Ort Chelsea Flower Show, London, GB

Stufe um Stufe

Große Höhenunterschiede zu überwinden erfordert ganz besondere Aufmerksamkeit. Nicht nur weil diese Maßnahmen stets mit hohen Ausgaben verbunden sind, sondern weil sie mit viel Gefühl zu tun haben – und den örtlichen Gegebenheiten. Eine Treppe kann einladend, majestätisch, großzügig sein, aber auch eng und beklemmend wirken – und zum Stolpern veranlassen. Treppenanlagen beeinflussen naturgemäß Aussehen und Wirkung eines Gartens, was bei der Planung berücksichtigt werden muss. Es ist notwendig, dass sie zuallererst auch sicher und bequem zu begehen ist, denn das Treppensteigen erfordert im Schnitt einen siebenfach höheren Energieaufwand als das Gehen in der Ebene. Und das soll sich dann lohnen.

Der Garten

Sechs Meter Höhenunterschied sind keine Kleinigkeit, um von der Straße zum Hauseingang des Einfamilienhauses zu gelangen. Bequem und anregend soll der Aufstieg sein, um nicht zu verzagen. Deshalb entschied man sich für eine Treppenanlage mit versetzten Stufen in unterschiedlichen Längen. Zur Unterbrechung und Erholung sind Podeste mit einer größeren Tiefe vorgesehen. Als Material wurde ein schöner Naturstein mit einer interessanten Struktur gewählt, und zwar Würzburger Muschelkalk. Die Blockstufen haben bei einer Breite von 1,20 Meter das Format von 18 x 35 cm. Nach dem Verlegen ergab sich eine Auftrittstiefe von 30 cm. Auf ein regelmäßiges Raster musste verzichtet werden, da es die Gegegenheiten nicht zuließen. So wurden die Stufen und der Versatz mit dem Geländeverlauf koordiniert.

Im Frühjahr leuchtet die weißblühende Einfache Tulpensorte 'White Dream'. Ihre grünen Partner dahinter sind die Japansegge (*Carex morrowii* 'Variegata'), die Funkien (*Hosta tardiana* 'Halcyon'), die ihre ersten Blätter der Sonne entgegenstrecken, und zur Betonung der Linien wurden mehrere Eibenhecken (*Taxus baccata*) gepflanzt. Da es sich um ein privates Grundstück handelt, konnte auf das Aufstellen eines Geländers verzichtet werden. So wirkt's eleganter.

Das richtige Stufenmaß

Es gilt nicht nur die Option, eine Höhe schnell zu überwinden, es sollte auch die Gestaltung und die Bequemlichkeit berücksichtigt werden. Bei der Berechnung der einzelnen Stufe wird von einer durchschnittlichen Schrittlänge ausgegangen; das sind 61 bis 64 cm, im Schnitt 63 cm. Als Steigungsverhältnis mit einem geringen Energieaufwand gilt die Formel: 2 x Stufenhöhe plus 1 x Stufenauftritt gleich 63. Viele Stufen haben deshalb das Maß von 15 x 33 cm (das entspricht: 2 x 15 cm + 33 cm = 63 cm). In dem gezeigten Garten mussten Stufen mit größerer Höhe eingesetzt werden (18 x 30 cm), was dem steilen Gelände geschuldet war. Eine Stolpergefahr besteht bei Stufenhöhen unter 14 cm und über 20 cm. Bei Freitreppen mit viel Verkehr wären Stufenformate von 16 x 30 cm sinnvoll. Nicht zu vergessen ist ein Gefälle von 1 bis 2 %, das beim Einbau der Stufen berücksichtigt werden sollte.

Gartenentwurf und Ausführung Thomas Heumann, Weinstadt, D
Ort Stuttgart, D

Symmetrie ist ein Gewinn

Über den Einsatz geometrischer Formen im Garten kann man geteilter Meinung sein. Wenn sie zu konsequent verwendet werden, wenn nur eckige oder runde Formen das Gartenbild prägen, können sie zu hart und zu architektonisch wirken. Mit der Symmetrie ist es anders. Sie verleiht einem Garten eine wohltuende Ordnung. In der Regel wird sie deckungsgleich mit einer Blickachse integriert.

Das Konzept

Die Architektursprache des Hauses ist auf Symmetrie bedacht. Zwei hohe Fenster und eine mittige, zweiflügelige Tür öffnen den Wohnbereich zum Garten, die Dachgaube ist zentral angeordnet. Auch die Terrasse sollte der klaren Sprache folgen und eine Vergrößerung des Wohnraums bieten, wenn es das Wetter zulässt. In einer anderen Gartensituation wäre es richtig gewesen, die Terrasse seitlich anzuordnen, um den Blick in den Garten freizuhalten. Hier wird zugunsten der Gleichmäßigkeit darauf verzichtet. Rechts vom Wohnraum schließt sich die Küche an – mit einer vorgelagerten Holzterrasse und einem Kräutergarten.

Der Garten

Die Terrasse liegt symmetrisch vor dem Wohnraum, wurde jedoch auf der linken Seite verbreitert, um dem Findlingsbrunnen ein großzügiges Umfeld einzuräumen; auch um den Durchgang zum geschützten Sonnenplatz und in den Vorgarten bequemer zu gestalten. Mit einer Größe von 5,50 x 5,50 Meter und dem bekanntesten italienischen Sandstein, dem hellgrauen „Pietra Serena", großzügig ausgelegt. Die Möbelgruppe (www.garpa.de) ist mittig arrangiert, um die Symmetrie zu betonen. Exakt aus der Mitte der Terrasse führt ein 1,00 Meter breiter Kiesweg in den Garten, eingefasst von einer gepflasterten Kante und gesäumt von schmalen Beeten in Blau-Weiß, mit Traubenhyazinthen (*Muscari*) und gefüllten Tulpen. Anschließend blüht hier blauer Storchschnabel (*Geranium* 'Jolly Bee').

Neu: ein Kiesweg – fest wie ein Plattenweg

Wen es stört, dass die Steinchen eines Kiesweges beim Begehen oder Befahren sich in alle Richtungen verteilen und dann wieder zurückgeharkt werden müssen, sollte die Oberschicht des Belages ändern. Für diese Fälle wurde ein Wegebausystem entwickelt, dessen Belag sehr fest, aber dennoch luft- und vor allem wasserdurchlässig ist und optisch kaum von einem „echten Kiesweg" zu unterscheiden. Dieser besondere Belag entsteht, indem der Kies in der gewünschten Farbe und Korngröße mit einem Zwei-Komponenten-Epoxidharz verklebt wird. Sand und Splitt lassen sich ebenso verarbeiten. Dosiert und gemischt wird das Produkt vor Ort und wie ein Estrich aufgebracht und geglättet. Es ist eine Deckschicht von ca. 25 mm erforderlich. Die Belastbarkeit des Belags hängt davon ab, wie tragfähig der Unterbau ist. Terraway®-Informationen: Green World Products Deutschland, Gundersweiler, www.terraway.de.

Gartenplanung Ulrich Timm, Hamburg, D
Ort Lübeck, D

Lieblingsplatz

Jeder Garten lebt und wird bestimmt von den kleinen Lösungen. Im Detail muss es stimmen, um sich darin wohlzufühlen. Es sollte immer wieder Freude machen, den Garten zu entdecken und sich darin überraschen zu lassen. In diesem Garten dauerte es einige Jahre, bis es zu diesem originellen Sitzplatz kam.

Der Garten

An dem Garten hängen Erinnerungen. Der Großvater pflanzte vor 40 Jahren eine Obstwiese, von der heute nur wenige Bäume verblieben sind. Zum Beispiel der Apfelbaum. Das Spalier im Hintergrund diente der Ramblerrose 'Paul's Himalayan Musk' nur als Starthilfe. Kein Wunder, denn sie schafft zehn Meter Höhe und verzaubert inzwischen die Baumkrone mit ihrer sommerlichen Blütenfülle. Bleibt der Platz rund um den Stamm, der sich bei der vielen Gartenarbeit als beliebte Pausenstation bewährt hat. Wie lässt er sich dauerhaft anlegen? Mit Klinker und Marmorkieseln. Aus den Kieselsteinen wurden eigenhändig Platten gegossen: In die quadratische Form eine Schicht Sand geben, darin die Kiesel auslegen und anschließend mit Beton ausgießen und trocknen lassen. Nach zwei Tagen kann die Form gestülpt werden. Dann wird der Sand aus den Fugen gefegt und die Kieselplatte ist fertig. Die Größe der Platten wird von der Länge der alten Ziegelsteine bestimmt und beträgt deshalb 23 x 23 cm. So ist der Platz in schönem Raster, mit Buchskugeln und Kübelpflanzen bestückt, zum Lieblingsplatz befördert worden.

Garten-Design Ursula Schnitzke-Spijker, Gelnhausen-Hailer, D

Ort Gelnhausen-Hailer, D

Von den Klassikern lernen

Wenn es stimmt, dass es in Süddeutschland verhältnismäßig wenige professionell gute Gärten gibt, weil bereits die Landschaft so anregend und schön ist, dass auf eine Anlage von Gärten weitgehend verzichtet werden kann, dann muss man festellen, dass es durchaus Ausnahmen gibt. Offenbar geht beides, wie dieser Garten beweist. Eine fantastische Lage in einer herrlichen Landschaft und dazu ein gelungener Garten. Auch wenn der Vergleich ein wenig überzogen erscheint, drängt er sich auf: Die Lage erinnert an die unvergleichliche Villa Gamberaia in Fiesole bei Florenz, deren Garten durch eine bezaubernde Anlage aus Wasserbecken, Buchsbaum- und Eibenhecken bereichert wird, einer Bühnenkulisse ähnelnd – mit traumhaften Aus- und Durchblicken auf die toskanischen Hügel.

Der Garten

Der grandiose Blick geht über das Grundstück hinweg nach Reutlingen in der Schwäbischen Alb. Herrlich, aber der Vordergrund sollte anspruchsvoll und zum Wohlfühlen sein. Es war von Anfang an klar, dass der Garten dem Grundriss des Hauses angepasst werden sollte. Symmetrie war gefragt. Eine lange Mittelachse sollte es werden. Das Grundstück hatte naturgemäß eine leichte Neigung, die zunächst abgefangen und geebnet werden musste, da unterhalb des Gartens ein öffentlicher Weg verläuft. Mit einer tiefdunkelgrünen Eibenhecke (*Taxus*) und 80 Hortensien 'Annabelle' ist das Problem gelöst. So sind die Gartenbesitzer vor Einblicken geschützt und der Blick in die Landschaft hat eine klare Begrenzung. Als zusätzlicher Rahmen und Kulisse der „Gartenbühne" wurden Pyramiden-Hainbuchen gepflanzt (*Carpinus betulus* 'Fastigiata'), die allerdings nicht frei wachsen dürfen (ungeschnitten werden sie 15 Meter hoch!), sondern gekürzt werden, damit sie in der Proportion von Haus und Garten bleiben. Das Mittelstück bildet – von der zentralen Terrasse ausgehend – eine Achse aus Wasserbecken, Kieswegen und aufgereihten Buchsbaumkugeln. Die belebende Komponente ist das Wasserbecken (7,50 x 1,20 x 1,00 Meter), das von Handformklinkern eingefasst wird, ein Material, das auch als Terrassenbelag eingesetzt wurde. Gegenüber der Terrasse ist ein kleiner Sitzplatz angeordnet, der sich harmonisch in das Bild einfügt. Als Referenz an die italienische Anmutung des Gartens sind die Wege mit Marmorsplitt „Grigio Perla" abgestreut. Und um die Symmetrie nochmals zu betonen, fügen sich Buchsbaumkugeln in den Rasen und begleiten das Wasserbecken. Seitlich unter den Bäumen schaffen Staudenrabatten einen geschickten Übergang in die anderen Gartenbereiche. Terrassenmöbel: Fontenay, Garpa (www.garpa.de).

Pflanzen für die Eibenhecke

Für diese Hecke wurde die Gewöhnliche Eibe (*Taxus baccata*) verwendet, die einen jährlichen Schnitt braucht, um dicht zu bleiben. Am besten wird sie schon als junge Pflanze scharf zurückgeschnitten, dann bleibt sie schön schlank (50 cm breit). Alternativen sind mit Einschränkung auch Säuleneibe (*Taxus baccata* 'Fastigiata') und Kegeleibe (*Taxus baccata* 'Overeynderi').

Gartenplanung, Ausführung Hans Fahrion, Notzingen, D
Ort Thomashardt auf dem Schurwald, D

Zeichen setzen

Reihen- und Siedlungshäuser haben in der Regel ein sehr eng begrenztes Umfeld, in dem sich ihre Bewohner entfalten können, den Alltag hinter sich lassen können. Vor dem Haus liegt ein schmaler Streifen, als Depot für Fahrräder und Müllboxen. Hinter dem Haus geht es in ein langgestrecktes Grundstück, eben nicht breiter als das Gebäude selbst. Die Nähe der Nachbarn mit ähnlichen Interessen und gleicher Familienstruktur kann zu Freundschaften führen, aber dies ist selten der Fall. Missverständnisse sind häufiger und können das Gartenvergnügen erheblich einschränken. Da man nicht weiß, ob eine gute Nachbarschaft gelingt, ist es besser, den Garten erst einmal „auf Abstand" anzulegen. Jeder Quadratmeter muss gut genutzt werden.

Der Garten

Die Lage des Hauses ist begehrt und teuer. Mitten im Londoner Westen, in Shepherdsbush. Hier gibt es eine große Wohnfläche und einen gar nicht so kleinen Garten von etwa 20 x 7,50 Meter Größe. Das genügt für die Ansprüche der Familie. Die schnörkellose Architektursprache des Stadthauses aus der vorigen Jahrhundertwende tut gut. Ein großer Vorteil ist, dass das Grundstück ringsum auf allen drei Seiten von einer etwa zwei Meter hohen Ziegelmauer eingefasst wird. Es ist das gleiche Steinmaterial, das auch für die Hausfassade verwendet wurde. So bleibt das Familienleben ungestört, selbst wenn die Nachbarn beim Grillen etwas lauter werden. Der Wunsch der Bauherren bestand darin, dass sie viel Platz zum Sitzen und viel Rasen zum Spielen brauchten. Die Garten-Designerin hielt sich an die Wünsche und integrierte auch die vorhandenen Obstbäume, die beiden Apfelbäume und den Pflaumenbaum, in ihren Entwurf. Ihre Planung ist klar strukturiert: Unmittelbar am Haus wird eine große Plattenfläche geschaffen. Die Terrasse mit dem Sonnenschirm wurde auf die Seite verlegt, damit der Durchgang vom Wohnraum in den Garten frei bleibt und man beim Sitzen nicht behindert wird. Auf der gegenüberliegenden Seite des Gartens (im Foto vorn) wird ein großer Sitzplatz geschaffen, eine Art Sitzlandschaft aus tropischem Bangkirai-Hartholz. Und damit es attraktiv und einladend wirkt, wenn man vom Haus oder der Terrasse herüberschaut, wurde ein Wasserbecken angelegt. Über eine breite Brücke, auf der man es sich mit dicken Kissen gemütlich machen kann, geht es auf den eigentlichen Sitzplatz. Die Bepflanzung ist so sparsam wie möglich gehalten, weil sich niemand in der Familie fand, der gerne die Gartenpflege übernimmt. Allein das Rasenmähen ist schon schwierig, aber inzwischen wurde dafür eine Gärtnerfirma engagiert. Für Ordnung im Garten sorgen vor allem die geschnittenen Buchsbaum-Elemente. Sie setzen immergrüne Zeichen und begrenzen sehr behutsam die Terrasse am Haus und geben den Obstbäumen einen sichtbar schönen Fuß in der Größe eines Quadratmeters. Wie Würfel sehen sie aus, obwohl sie nur 40 cm hoch sind. Und am Ende des Gartens verdecken die immergrünen Hecken ganz geschickt einen Teil des Wasserbeckens und lassen diesen Bereich ein wenig geheimnisvoll erscheinen.

Garten-Design Friederike Carstens, London, GB
Ort London, GB

Die **modernen** *Bepflanzungskonzepte*

Charmeoffensive

Ziergräser wie das Chinaschilf (*Miscanthus*) bleiben bei der Gartenplanung viel zu häufig unberücksichtigt. Ihre Wirkung im Winter, vor allem im Spätherbst, bleibt unbeachtet. Es kann nachvollziehbar sein, weil die Stauden schon zwei, drei Jahre benötigen, bis sie eindrucksvoll sind. Aber soviel Zeit sollten einem Garten und seinen Pflanzen eingeräumt werden. Nach langen und heißen Sommermonaten bildet Chinaschilf extra viele Blütenrispen. Dann kann man sogar beim feinblättrigen Chinaschilf *Miscanthus sinensis* 'Gracillimus' mit Blütenständen rechnen. Also lohnt es sich, die schilfartigen, dekorativen Pflanzen den Winter über stehen zu lassen und erst im folgenden Frühjahr zurückzunehmen.

Der Garten

Wenn Ziergräser im Spiel sind, wird eine Rabatte in der Regel spannender, das Gartenjahr dauert länger. September und Oktober sind die hohe Zeit für die vielen verschiedenen Sorten des Chinaschilfs (*Miscanthus*), wie zum Beispiel die hochwachsende, etwa zwei Meter hohe 'Silberfeder' (links) und die straff aufrechte 'Kleine Fontäne'. Und wenn dann noch ein früher Nachtfrost Raureif entstehen lässt, Blätter und Blüten hauchzart mit edlen Eiskristallen bedeckt werden, dann wirkt jeder Garten wie verzaubert. Vor allem dann, wenn Sonnenstrahlen die Glitzerwelt zusätzlich zum Leuchten bringen. Solche Motive sind unvergesslich.

Ort RHS Garden Wisley, Woking, GB

Atrium optimal

Tausende solcher Innenhöfe gibt es, die so oder ähnlich aussehen. Sie sind eng umschlungen von ein- oder mehrgeschossigen Wänden, geöffnet zum Wohnhaus, aber auch zum Zugangsweg oder zur Garage. Eigentlich braucht man im Alltag nicht mehr als solch ein Gartenzimmer. Aber obwohl der „Terrassengarten" meist unmittelbar im Blickfeld vom Wohnraum liegt, wirkt er oft blass. Vielleicht fehlt die zündende Idee? Nicht umsonst heißt es, dass es besonders schwierig ist, ein kleines Grundstück in ein Schmuckstück von einem Garten zu verwandeln. Egal ob die Planung nun leicht oder schwer war, dieser Garten ist gelungen.

Das Konzept

Die geschwungene Form der Terrasse hatte bereits der Bauträger mitgeliefert. Um daraus einen interessanten Garten zu machen, betonte und ergänzte Alexander Koch die Schwünge. Von der Terrasse führt eine Stufe tiefer auf den Rasen. Die helle Holztür aus Lärchenholz und Stahl führt zum Garagenvorplatz und dem Carport (dunkle Lärchenholzverkleidung).

Die Materialien

Drei verschiedene Materialien bestimmen den Garten. Die Terrasse wurde mit Lärchenholz belegt, einem heimischen Nadelholz. Damit es lange hält, muss es schnell abtrocknen. Das wird erreicht, indem die Tragbalken (70 cm Abstand) auf Betonfundamenten verankert werden. Die Bretter werden im Abstand von 5 mm mit jeweils zwei Edelstahlschrauben angebracht. Als Kreissegment ist der ehemalige Sandkasten ausgebildet, der nun mit Lavendel (*Lavandula*) bepflanzt ist. Die Rasenform passt sich dem Schwung an und vergrößert optisch die grüne Liege- und Spielfläche. Daran schließt sich eine heitere Kiesfläche an, in der wie zufällig hübsche Pflanzen sprießen, wie Frauenmantel (*Alchemilla*), Lavendel und Storchschnabel (*Geranium*). Stünden hier Sträucher, also Forsythie oder Pfeifenstrauch, wie in vielen ähnlichen Gärten dieser Größe in dunkler Erde, wäre es nur trist.

Die Pflanzen

Das Atrium wird von zwei Felsenbirnen (*Amelanchier lamarckii*) bestimmt, die schirmartig gezogen sind. Aus mehreren Stämmen entfaltet sich ihre lichte Laubkrone, die im April/Mai weiß blüht und im Sommer rote Früchtchen trägt. Buchsbaum steht in kompakten Formen, einmal als kleine Hecke, die den Terrassenbogen betont und wie eine Mauer die Terrasse begrenzt, und rechts als „Unterpflanzung" der Felsenbirne. Der Kontrast zwischen dem geschnittenen Grün und dem mehrstämmigen Strauch ist geglückt! Zu den Lavendelbüschen im früheren Sandkasten sind Gefäße auf der Terrasse angeordnet, in denen Funkien (*Hosta*), Taglilien (*Hemerocallis*) und Rosen gedeihen und eine schöne Gartenatmosphäre entstehen lassen. Die Terrassenmöbel (Reichenberg-Weiss) – der Tisch steht nun „richtig" entsprechend dem Fugenverlauf des Holzbelags – und der Sonnenschirm (Garpa) runden das sommerliche Ambiente ab.

Garten-Design Koch + Koch Gartenarchitekten, Pähl am Ammersee, D
Ort Gauting, D

Blütezeit

Es gibt immer wieder Blickpunkte im Garten, die es wert sind, genauer und ganz aus der Nähe betrachtet zu werden. Häufig sind es farbenfrohe und/oder große Blüten, die so anziehend wirken. Oder es ist ein zu erwartender Duft von Rosenblüten, des Pfeifenstrauchs (*Philadelphus* 'Dame Blanche') oder des schlingenden Geißblatts (*Lonicera × heckrottii*). Seltener sind es Blütenähren von Ziergräsern, die in die engere Wahl kommen. Noch nicht und gerade deshalb sind sie jetzt wieder gefragt. Sie wirken unscheinbar und sind ganz auf Massenwirkung eingestellt. Das gilt auch für das Federborstengras, dessen Name „Lampenputzergras" lange Zeit bevorzugt wurde, als es botanisch unter *Pennisetum compressum* in Katalogen geführt wurde. Doch ein Blick von ganz nahe zeigt überraschende Eindrücke.

Das Federborstengras

Es gibt zwar mehr als 100 verschiedene Arten von *Pennisetum*, aber nur wenige haben die Eignung als Gartenstaude. Die meisten sind in tropischen und subtropischen Klimabereichen beheimatet. Einige Arten wie *Pennisetum villosum* sind einjährig und als Schnittblumen bzw. Werkschmuck von Floristen begehrt. Aus der schönsten Art ist zugleich die beste und älteste Gartensorte gezüchtet worden: *Pennisetum alopecuroides* 'Hameln'. Wie attraktiv sie ist, zeigt das Close-up der bis zu zwölf Zentimeter langen Rispen mit den borstigen, zunächst grünlich weißen, später graubraunen Ährchen. Sie erinnern tatsächlich an schlanke Flaschenbürsten, an Lampenputzer, wie sie früher verwendet wurden. Ihre Blütezeit beginnt früher als bei der normalen Art, und zwar bereits im Hochsommer und dauert bis in den September. Blüten müssen also nicht immer farbenfroh sein. Blüten können zurückhaltend sein und trotzdem anziehend wirken. Hier wurde das Federborstengras durch weitere Mitglieder aus der umfangreichen Familie der Süßgräser (*Poaceae*) ergänzt, und zwar stehen gleich daneben Chinaschilf (*Miscanthus*), Gartenbambus (*Fargesia murieliae*) und Rasenschmiele (*Deschampsia*). Das wirkt einheitlich und erinnert an eine Dünenlandschaft. Allerdings muss das Federborstengras so gepflanzt werden, dass es nicht von den höheren „Verwandten" ganz eingenommen wird. Wer es doch etwas blumiger wünscht, setzt Mädchenauge (*Coreopsis*) in die Nachbarschaft, Fetthenne (*Sedum*) oder auch Historische Rosensorten. Es sind alles sonnenverwöhnte Pflanzen, die sowohl in Wassernähe (aber ohne winterliche Staunässe) als auch als Begleiter anderer Pflanzen gefragt sind. Attraktiv ist das Federborstengras vor allem, wenn es oberhalb eines Steinmäuerchens steht. Wenn seine langen und schmalen Blätter ganz elegant hinabgleiten und die aparten Blütenährchen im Spätsommer dem Betrachter noch näher sind, als wenn es im flachen Beet steht, wirkt das Gras wie ein Solitär. Und als etwas Besonderes sollte es stets betrachtet werden.

Garten-Design Brigitte Röde, Köln, D
Ort Köln, D

Carl von Linné – eine Würdigung

Das wurde höchste Zeit, dass der schwedische Naturwissenschaftler (1707–1787) nun anlässlich seines 300. Geburtstages eine Anerkennung dieser Art bekam. Schließlich haben wir ihm viel zu verdanken. Vor allem diejenigen, die professionell mit Pflanzen umgehen. Carl von Linné hat die Grundlagen der modernen Taxonomie entwickelt, also die Klassifikation der Pflanzen durchgeführt, und daraus die botanische Nomenklatur erarbeitet. Er gelangte zur Überzeugung, dass sich die Blüten, Blüten- und Staubblätter und Stempel als Grundlage zur Klassifikation eignen. Er unterschied Pflanzengattungen und Arten, was nach wie vor Gültigkeit hat. Die wissenschaftlichen Namen der vielen von Linné beschriebenen Pflanzen erhalten zusätzlich ein „L.".

Der Garten

Die Chelsea Flower Show 2007 (Ende Mai) wurde als Ort für diesen Schaugarten gewählt, weil Engländer zu Linné eine starke Bindung haben, sein wissenschaftlicher Nachlass in London verwahrt wird. Der Garten soll das ausgewogene Verhältnis der Schweden zu Kultur und Natur belegen und es gelingt erstaunlich modern. Die Pflanzen, die Linné beschrieben hat, wirken, wenn sie so geschickt angeordnet und zusammengestellt werden, sehr leicht und natürlich. Auf wenigen Quadratmetern wird ein Stück schwedische Landschaft und Tradition symbolisiert. Zum Beispiel das ruhige, dunkle Wasser, wie man es am torfhaltigen Waldrand findet. Und darin eine Quelle, die von Moos überzogen ist. Das Wasser rinnt rechts unter dem Plattenweg entlang über die Kieselsteine und irgendwo zum Meer. In diesem luftfeuchten Klima gedeiht Linnés Lieblingspflanze, das Goldene Frauenhaarmoos (*Polystichum commune*). Er nutzte es auf seinen Reisen durch die Natur sowohl als „Matratze" als auch als Decke. Der Garten wird durch Wände geteilt, die interessante Gartenräume entstehen lassen. Für ihren roten Anstrich wurde traditionell Eisenoxyd beigemischt. Vor den Wänden liegt ein Weg aus schwedischem Granit, der den Garten dem Betrachter erschließt.

Die Pflanzen

Typische Pflanzen sind Fichten (*Picea omorika*), die den Garten im Hintergrund begrenzen. Die Urpflanzen Schwedens sind Kiefern sowie Birken, die an den leuchtend weißen Stämmen zu erkennen sind (*Betula utilis* var. *jaquemontii* 'Doorenbos'). Zieräpfel, von Linné in seinem botanischen Garten kultiviert, wurden hier kontrastreich als Hochstamm mit dachförmig gezogener Krone in Reihe gepflanzt (*Malus* 'Evereste'). Alle weiteren Sträucher und Stauden sind ebenfalls durch Linné bekannt geworden (wie auch Walderdbeeren). Dekorativ und ganz im Blickfeld ist der Gefüllte Schneeball (*Viburnum opulus* 'Roseum'), am Teichrand die Immergrüne Haselwurz (*Asarum europaeum*) und links am Teich die weiße Wieseniris (*Iris sibirica* 'White Swirl') und dahinter der Fingerhut (*Digitalis purpurea* 'Saltwood Summer').

Garten-Design	Ulf Nordfjell, Stockholm, S
Ort	Chelsea Flower Show, London, GB;
jetzt	Botanischer Garten, Göteborg, S

Ein Teich voller Pflanzen

Belgischen Gärten und Parks wird nachgesagt, dass sie sich vor allem durch geschnittene Hecken und Pflanzenformen auszeichnen. Das stimmt auch pauschal (in England ist dies nur in wenigen Gärten perfektioniert): Nirgendwo sonst wird mit Buchsbaum und Eiben so gekonnt gearbeitet. Aber es sind auch Strömungen zu beobachten, die sich von dieser Strenge lösen und einen weiteren Kontrast in die Gärten bringen. Damit sind nicht üppige Blumenrabatten gemeint.

Der Garten

Hier gelang eine Kombination von drei verschiedenen Gartenstilen: Bauerngarten trifft mit einem Landschaftsgarten auf modernen Gartenstil. Und das funktioniert so: Der Bauerngarten ist der intensiv gepflegte und am häufigsten benutzte Bereich. Hier werden Beerenobst und Gemüse angebaut, auf langen Beeten stehen Stauden und einjährige Blumen zum Schneiden für die Vase. Und ein Fischteich sorgt für ein ausgeglichenes Klima. Auf der anderen Hausseite liegt der Garten mit dem Bezug zur Landschaft. Als Übergang zu Feldern und Weiden ist eine Obstbaumwiese angelegt. Und schließlich gibt es den modernen Garten am Haus (Foto), den pflegeleichten Teil mit geschnittenen Buchsbaum- und Hainbuchenhecken – und zwei gleich großen Teichen (abgedichtet mit Betonit). Sie sind einheitlich mit Breitblättrigem Rohrkolben (*Thypha latifolia*) bepflanzt, das Wasser durch einen Kastanienholzzaun gesichert. So schön und modern kann Rohrkolben sein.

Design Luk Logist Avantgarden, Wijnegem, B
Ort Antwerpen, B

Garten Kunterbunt

Früher waren die einfachen Gärten nichts Besonderes, wie auch die Bauerngärten. Sie wurden mit unkomplizierten Pflanzen bestückt und zu hübschen, kleinen Gärten vor oder hinter dem Haus arrangiert. In England hießen die viktorianischen Häuser der Landarbeiter „Cottages". Die Hausbesitzer legten sich Gärten nach ihren Möglichkeiten an. Daraus entstand derjenige Gartentyp, der heute auch bei uns gefragt ist. Mit unkomplizierten Sträuchern, Rosen, Stauden und vielen Sommerblumen etwas Schönes zu gestalten, um den grauen Alltag aufzuheitern.

Der Garten

Als wär's ein Stück echter Cottagegarten ... So wurde der kleine Ausschnitt für eine Ausstellung angelegt. Den Garten-Designern genügte das Thema Cottagegarten nicht, sie bemühten als Vorlage die berühmten, fantasievollen Stoff- und Tapetenentwürfe von William Morris (1834–1896). Es entstand eine anregende Komposition liebenswürdiger Stauden, die den schlichten Zaun aus Kastanienholz umspielen. Besonders hübsch sind die Präriemalven (*Sidalcea* 'Elsie Heugh'), die den ganzen Sommer lang blühen. Leider sind sie ein wenig empfindlich: Sie vertragen keine Winternässe im Boden. Gleich daneben die Wilde Karde (*Dipsacus fullonum*) mit den eiförmigen Köpfchen. Dazwischen ragen die langen Stängel der Steifen Verbene heraus (*Verbena bonariensis*). Danach folgen der rote Bartfaden (*Penstemon*), Römische Kamille (*Anthemis nobilis*) ... Es bleibt eine hohe Kunst, einfache Blumen so gekonnt zu arrangieren, dass sie das Herz sommerlang erfreuen.

Weitere Pflanzen, die einen Cottagegarten bereichern

<u>Sträucher</u>

- Bartblume (*Caryopteris × clandonensis*)
- Duftschneeball (*Viburnum × carlcephalum*)
- Flieder (*Syringa vulgaris* 'Andenken an Ludwig Späth')
- Hortensie (*Hydrangea petiolaris* und *Hydrangea paniculata*)
- Kupfer-Felsenbirne (*Amelanchier lamarckii*)
- Pfeifenstrauch (*Philadelphus* 'Belle Etoile' und 'Erectus')
- Sommerflieder (*Buddleja*-Davidii-Hybriden)
- Zierquitte (*Chaenomeles*-Hybriden)

<u>Mehrjährige Stauden</u>

- Buschmalve (*Lavatera*-Olbia-Hybride 'Barnsley', *Lavatera thuringiaca*)
- Katzenminze (*Nepeta × faassenii* 'Six Hills Giant' und 'Walkers Low')
- Lupine (*Lupinus*-Polyphyllus-Hybride 'Edelknabe')
- Margerite (*Chrysanthemum*-Maximum-Hybride 'Gruppenstolz')
- Pfingstrose (*Paeonia officinalis* 'Rosea Plena')
- Sommerphlox (*Phlox*-Paniculata-Hybriden, wie die Sorte 'Landhochzeit')

<u>Ein- und Zweijährige Sommerblumen</u>

- Bartnelke, Duftgeranie, Duftwicke, Goldlack, Hornveilchen, Kapuzinerkresse, Klatschmohn, Löwenmäulchen, Ringelblume, Salbei-Arten

Garten-Design Butler Landscapes, Whitchurch, GB
Ort The RHS Flower Show at Tatton Park, GB

Gegen die Langeweile

Wege im Garten können langweilen, können endlos wirken, ohne es tatsächlich zu sein. Was aber tun, damit das Entree nicht ermüdend wirkt – auf sich und seine Besucher? Die Wege können mit verschiedenen Steinmaterialien und -mustern belegt werden. Man kann ihnen verschiedene Breiten geben, Findlinge, Steinhocker oder Sitzbänke sorgen für Abwechslung.

Der Garten

Das Wegesystem für das Architektenhaus von Rolf Vierkötter ist umfangreich und vielfältig. Im Eingangsbereich des Grundstücks sollte der Besucher durch eine begleitende Pflanzung willkommen geheißen werden. Der Weg aus Betonwerksteinplatten, 30 x 30 cm, ist einladend breit. Er ist auf eine Breite von sechs Platten ausgelegt, was für einen privaten Bedarf überdimensioniert wäre. Hier sind Breiten von 1,20 bis 1,50 Meter üblich. Deshalb wird der Belag in einer gleichmäßigen Abfolge unterbrochen und jeweils eine Plattengröße in ein Pflanzbeet umgearbeitet. Die Landschaftsarchitektin Brigitte Röde (Planungsbüro Garten und Freiraum) entschied sich für eine einheitliche Bepflanzung, und zwar für ein schönes Ziergras, das in Gärten noch recht selten zu sehen ist. Es ist das Japanische Blutgras (*Imperata cylindrica* 'Rubra', früher war es unter dem Sortennamen 'Red Baron' geläufig). Seine deutsche Bezeichnung ist auf die intensive Blattfärbung zurückzuführen. Im Frühjahr treibt das Gras gelbgrüne Blätter mit roten Spitzen. Im Hochsommer überzieht das kräftige Rot das gesamte Laub, aus dem sich Blütenähren entwickeln können. Angenehm bei diesem Gras ist auch die Wuchsform. Es wächst schön aufrecht, während andere dazu neigen, sich nach allen Seiten breitzumachen. Leider ist das Gras nicht zuverlässig winterhart, weshalb sich in Gegenden mit stärkerem Frost ein Winterschutz empfiehlt. In demselben Rhythmus wie das rote Ziergras sind auf der Rückseite Halogen-Niedervoltleuchten montiert. Am Tage wirken sie durch die angenehme Form ihres leicht gebogenen Aluminiumschirmes. Bei Dunkelheit wird das Licht auf der Innenseite der Blende reflektiert und strahlt, ganz nach Wunsch, auf die Platten, die Pflanzen im Staudenbeet und es lässt das Rot des Blutgrases noch intensiver leuchten. So wirkt der Weg zu jeder Tages- und Jahreszeit einladend.

Andere Pflanzen – andere Wirkung

- Blaustrahlhafer (*Helictotrichon sempervirens*, früher: *Avena*) gefällt durch das Stahlblau seiner Blätter, die Blüten werden bis zu 1,20 Meter hoch.
- Federgras (*Stipa gigantea*) ist ein imposantes Gras, dessen Blüten, die an Hafer erinnern, bis zu 1,80 Meter hoch werden können.
- Schmiele (*Deschampsia cespitosa* 'Goldschleier') ist ein Gras, das wieder sehr gefragt ist. Die gelb getönten Blütenrispen werden bis zu 80 cm hoch.
- Für einen schattigen Platz wären auch Funkien (*Hosta*) mit herzförmigen Blättern in verschiedenen Grüntönen und attraktiven Blütenständen zu empfehlen. Die Sorte *Hosta sieboldii* 'Alba' blüht reinweiß.

Garten-Design Brigitte Röde, Köln, D
Ort Solingen, D

Gute-Laune-Konzept

Es muss gar nicht so kompliziert sein. Mit wenigen Pflanzen oder, treffender beschrieben, mit einer kleinen Auswahl unproblematischer Pflanzen lässt sich sogar ein Garten anlegen, der halböffentlich ist und deshalb nur selten durch die pflegende Hand eines gelernten Gärtners oder einer Gärtnerin verwöhnt wird. Anstelle von coolem Heckengrün kann man sich für eine fröhliche Farbenmischung von blühenden Stauden, Bäumen und Sträuchern entscheiden, an der sich der Lauf der Jahreszeiten und der Vegetation erkennen lässt.

Der Garten

Was hier so selbstverständlich wirkt, ist geschickt zusammengestellt und aufeinander abgestimmt. Eigentlich ist es eine Art modellartiger Mustergarten, der hier auf einer Größe von 23 x 10 Meter angelegt wurde. Im Jahr darauf erhielt der Garten, leicht verändert und etwas vergrößert, seinen endgültigen Platz mitten im exklusiven und teuren Londoner Stadtteil Knightsbridge im rechteckigen Innenhof zwischen schicken Wohnungen und Penthouses. Das Konzept beinhaltet ein langgestrecktes Wasserbecken, das vor einem großen Granitblock liegt, über den das Wasser in einem breiten Band hinunterrauscht (im Hintergrund, Fotomitte). Rechts und links des Blocks führen großzügig breite Stufen auf die obere Ebene, auf der die attraktive Pflanzung angelegt ist. Sozusagen im Mittelpunkt steht die dreistämmige Birke, die in ihrem zarten Frühlingslaub besonders attraktiv ist. Als Flachwurzler bezieht sie viele Nährstoffe aus der näheren Umgebung. Aber manchmal ist es schon erstaunlich, wie gut einige Stauden im benachbarten Umkreis damit zurechtkommen und trotzdem gedeihen. Hier sind es Katzenminze (*Nepeta × faassenii* 'Walkers Low') zusammen mit der Mandelblättrigen Wolfsmilch (*Euphorbia amygdaloides* var. *robbiae*), blaue Bartiris und Farne. Im Juni stehen die weißen Blüten-Kugeln der schönen *Allium* 'Mount Everest' im Blickpunkt, die mehr als zehn Zentimeter groß werden können. Mit der Höhe von etwas mehr als einem Meter scheinen sie – wie von unsichtbarer Hand gehalten – zu schweben. Als Einfassung des Beetes wurde eine 30 cm hohe Buchsbaumhecke gewählt, die von einem schönen Natursteinkubus unterbrochen wird, der gut im Blickfeld liegt, aber auch als Sitzhocker genutzt werden kann. Der Quader aus Kalkstein von der englischen Insel Portland wirkt nicht nur als ganzer Block, sondern durch die breite Fuge, ein Band, das mit farbigem Glas abgesetzt ist und interessante und überraschende Lichtstreifen setzt. Alles ist anspruchslos und blüht alle Jahre wieder, auch der weiße Kugellauch. Da will auch der einzige Strauch in diesem Beet nicht zurückstehen. Der weiße Hartriegel (*Cornus alba* 'Argenteomarginata'), ganz rechts im Bild, bestätigt mit seinem rahmweiß gefärbten Blatträndern ebenfalls die Heiterkeit der Bepflanzung. Im Winter leuchtet dann die dunkelrote Rinde seiner Zweige. Eine wichtige Vorsichtsmaßnahme: Der Strauch kann erstaunliche drei Meter hoch und breit werden. Da muss man gelegentlich einen Rückschnitt durchführen, damit seine Nachbarn nicht in Bedrängnis kommen. Aber die Hecke und die Stauden sollten ohnedies mindestens einmal pro Jahr in rechte Form gebracht werden.

Garten-Design Phil Jaffa, Patrick Collins (Scape Design), London, GB
Ort Chelsea Flower Show, London, GB

So schön können heutige Stadtgärten angelegt sein. Freundliche Farben und Pflanzen, die nur wenig Pflege erfordern, ergänzen sich neben dem Sitzpoller geradezu perfekt.

Gut im Beet

Handelt es sich hier nicht um eine vernachlässigte Gartenpflege? Müssen die Fruchtstände von *Allium* mitten im sommerlichen Blumenbeet nicht längst geschnitten und entfernt werden? Bitte nicht! Sie können ein wichtiger Bestandteil moderner Gartenkultur in einer Staudenrabatte sein. Gerade die gute Mischung von knospigen und blühenden Stauden, harmonischen und kontrastreichen Blütenfarben, verschiedener Laubtextur und eben Frucht- und Samenständen macht den Anblick romantisch. So deutet sich die Reichhaltigkeit an, die dem Pflanzenkenner zur Verfügung steht. Bei den meisten hochgewachsenen Zwiebelblumen wird man die Fruchtstände bald kappen, wenn die letzten Blütenblätter unansehnlich geworden sind. Gleichgütig, ob von Lilien, Narzissen oder Tulpen. Beim Zierlauch verhält es sich anders. An seinen Dolden hat man noch wochenlang (bis in den Juli) Freude, weil seine wohlgeordneten Blütenstände auch dann noch dekorativ sind, wenn sich aus ihnen Fruchtstände gebildet haben. Das trifft auf verschiedene *Allium*-Arten und -Sorten zu, wie *Allium christophii*, *A. giganteum*, *A.* 'Globemaster', *A. karataviense*, *A.* 'Purple Sensation' und *A. stipitatum*.

Der Garten

Die Anordnung von Pflanzen spielt eine wichtige Rolle. In den so unterschiedlichen Themengärten von Anja Maubach stehen die winterharten Stauden natürlich im Vordergrund. Aber auch andere Pflanzenfamilien dürfen nicht fehlen, um Anreize zu schaffen. Ihr Ziel ist es, dem großen Kundenkreis ihrer schönen Staudengärtnerei in Wuppertal-Ronsdorf die Möglichkeiten und Vielfalt von Staudenrabatten zu zeigen. Und dies zu mehreren Terminen während der gesamten Gartensaison. Ihr Thema: Mit Stauden große Flächen gestalten, ordnen, in kleine, überschaubare Bereiche gliedern, ähnlich wie in diesem Themengarten. Im Juni und im Juli steht das Beet in voller Blüte der hohen Gelben Wiesenraute (*Thalictrum* ssp. *flavum*), der Historischen Rose *Rosa alba* 'Mme Plantier' und den Samenständen der dekorativen Lauchsorte *Allium* 'Globemaster'. Den Vordergrund bilden die Blattspitzen von Chinaschilf (*Miscanthus*). Nach der Blüte im Mai sorgen diese luftigen, kugelförmigen Dolden für einen interessanten Kontrast im Beet. Ihre Anordnung in einer lang gezogenen Form lässt die Bepflanzung geradezu natürlich wirken. Im ersten Frühjahr, nachdem die *Allium*-Zwiebeln gepflanzt wurden, sind die tiefvioletten Blütchen in einer kugelförmigen Dolde mit bis zu 25 cm (!) Durchmesser angeordnet. In den Folgejahren bilden sich aus den Tochterzwiebeln zwar mehrere Stängel aus, aber die Blütenstände werden deutlich kleiner, was urwüchsiger aussieht. Das Faszinierende sind die Dolden, die das Beet auch nach der Blüte noch einige Wochen lang zieren. Immerhin sind es etwa 150 Blütensternchen, die diese aparte Kugelform bilden. Mehr über blühenden Lauch (*Allium*-Arten und -Sorten) in Anja Maubachs Wuppertaler Gärtnerei auf Seite 28.

Garten-Design Anja Maubach, Wuppertal, D
Ort Wuppertal-Ronsdorf, D

In den Farben des Himmels

Stauden sind schön, aber schwer zu pflegen, heißt es oft. Es bedeutet schon viel Erfahrung, die richtigen Blütenpflanzen und Gräser zu wählen und so zu kombinieren und zu komponieren, dass alle zu ihrem Recht kommen und nicht unterdrückt werden. Es kommt nicht nur auf die Blütenfarbe an, sondern auch auf den Zeitpunkt und die Dauer der Blüte, das Aussehen nach der Blüte und auch auf die Wuchshöhe.

Der Garten

Diese Ansicht zeigt den neuen romantischen Typ von Stauden, und zwar „in den Farben des Himmels", wie das Thema der Planung für die IGA Rostock lautete. Die Pflanzen sind nicht zu vergleichen mit den zarten und eher empfindlichen Arten, wie Schleierkraut (*Gypsophila*), Tränendes Herz (*Dicentra*) oder Türkenmohn (*Papaver orientale*). Sie alle sind hochgewachsen und ohne besondere Ansprüche. Deshalb können die Stauden und Gräser auch in einem größeren Beet arrangiert werden, weil Unkräuter darin keine Chance haben, wenn die Pflanzen sich (ab etwa dem zweiten Standjahr) ausgebreitet haben. Größere Gruppen von ungefähr zehn, zwölf Pflanzen sind notwendig, um einen interessanten Effekt zu erzielen. Aber je nach Betonung eines Farbtons oder einer Pflanzenart sollte eine Gruppe kleiner oder doppelt so groß sein. Sie können schmal und lang gezogen sein oder auch kreisrund. Am besten ist eine Wiederholung der beiden Gruppenformen, damit sowohl Harmonie als auch Abwechslung im Staudenbeet entstehen.

Die Pflanzen

Im Vordergrund blüht die weiße Sorte des Scheinsonnenhuts (*Echinacea purpurea* 'Alba'). Dahinter steht die Blauraute bzw. der Silberstrauch (*Perovskia abrotanoides*), etwa 1,00 Meter hoch, und ganz hinten ragt die fast doppelt so hoch werdende Rutenhirse hervor (*Panicum virgatum* 'Cloud Nine'); die gelben Ähren links gehören dem Reitgras (*Calamagrostis × acutiflora* 'Karl Foerster'), ca. 1,50 Meter hoch. Zu der Farbstimmung tragen auch die silbrigen Blätter der Weidenblättrigen Birne (*Pyrus salicifolia* 'Pendula') bei, von der links ein Zweig ins Foto schwingt, und rechts einige frischgrüne Triebe des Chinesischen Schilfs (*Miscanthus sinensis* 'Malepartus').

Alternative und ergänzende Stauden und Gräser

In den „Farben des Himmels" blühen auch Frikarts Aster (*Aster × frikartii* 'Wunder von Stäfa'), Katzenminze (*Nepeta × faassenii* 'Six Hills Giant'), Kerzen-Wiesenknöterich (*Persicaria amplexicaule* 'Alba'), Steppensalbei (*Salvia nemorosa* 'Steppentraum'), aber Vorsicht: Salbei vermehrt sich stark durch Samen; dies trifft auch auf die Steife Verbene zu (*Verbena bonariensis*), die wegen ihrer hübschen, lavendelfarbenen Blütchen in 80 bis 90 cm Höhe eine Bereicherung ist; außerdem Kandelaber-Ehrenpreis (*Veronicastrum virginicum* 'Fascination' und 'Lavendelturm') und das Japanische Federborstengras (*Pennisetum alopecuroides*).

Garten-Design Petra Pelz, Magdeburg, D
Ort Rostock, D

Kontrastprogramm

Über Koniferen im Garten, die zapfentragenden Nadelgehölze, kann man streiten. Von den schönen Kiefern und Lärchen, den dunkelgrünen Eiben und den besonderen, den historischen Ginkgobäumen einmal abgesehen. Viele Wacholderarten (*Juniperus*) dagegen gehören seltener zu den Favoriten, wenn man nicht einen Heidegarten plant. Sie treten kaum als ansprechende Pflanzen hervor. Genau das kann die Herausforderung für einen Profi sein.

Der Garten

Für Mark Ashmead galt es, mit einfachen Mitteln sichtbar zu machen, dass Koniferen attraktiv sein können. Auch diejenigen Arten, die bekannt sind, aber „übersehen" werden. Interessant ist, wie ideenreich der Garten-Designer handelsübliche Containerware eingesetzt hat. Das liegt an seinem Konzept für die gesamte Anlage. Einfache, runde Formen bestimmen das Areal, das nur von Wasser, Holzterrassen und – Nadelgehölzen bestimmt wird. Die runde Form wird durch feuerverzinkte Stahlplatten geprägt, woraus sich belebende Kreisausschnitte ergeben. Wasser (es sprudelt aus der Mitte und verteilt sich über mehrere Flächen), Rasen und Terrassenebenen aus Holz wechseln sich mit Streifen aus Glasperlen und hell blitzenden Stahlplatten ab. Rechts im Foto: ein moderner Nebeleffekt durch Keramik-Membrane. Teppichwacholder und Thuja werden als bodendeckende Pflanzen eingesetzt. So lässt sich auch diesen Koniferen eine erfreuliche und überaus heitere Seite abgewinnen.

Garten-Design	Mark Ashmead, Chelmsford, GB
Ort	The Hampton Court Palace Flower Show, GB

„Neue" Pflanzen mit Charakter

Es gibt einige Gewächse, die es schwer haben, von der Mehrheit der Pflanzenliebhaber anerkannt oder als schön empfunden zu werden. Das geht den Zimmerpflanzen nicht anders als den Gartengehölzen. Mit den festen Blättern der Sansevierie können sich nur wenige anfreunden (was sich allerdings gerade ändert). Und im Garten gehört der Immergrüne Großblatt-Schneeball dazu (*Viburnum rhytidophyllum*). Er „zierte" früher fast jeden Garten, aber nur wenige mochten ihn. Das ist gut verständlich: Die langen Blätter haben eine runzelige Oberfläche, sind braunfilzig behaart und bei frostigen Temperaturen hängen sie – wie trauernd – hinunter. Ihr Vorteil war und ist, dass sie Sichtschutz bieten. Sogar Rhododendren gehörten zu den „schwierigen Pflanzen", da sie elf Monate des Jahres „nur" grün sind.

Der Garten

Nun gibt es Hoffnung für die „verkannten" Sträucher. Während die Baumschulen in der zurückliegenden Zeit Qualität ausschließlich in denjenigen Pflanzen sahen, die von unten bis oben gleichmäßig begrünt und verzweigt waren, haben sie sich inzwischen auf eine neue Wuchsart eingestellt. Einige Betriebe haben sich nun auf Formgehölze spezialisiert. Da werden Pflanzen wie der Schneeball schirmartig gezogen. Schwache Triebe werden herausgeschnitten, damit nur die starken erhalten bleiben, und die gesamte Verzweigung bis in 1,50 bis 2,00 Meter Höhe wird entfernt. So bilden sich Solitärpflanzen mit einem eleganten Charme heraus, die in den Gärten gerne gesehen werden. Wie reizvoll sie dann sind, zeigt der Blick in diesen Garten, wenn die vielen markanten Stämme des Schneeballs (ganz rechts) von Buchsbaumwolken umspielt werden. Und im Vordergrund wird der Blick auf die Sterndolden (*Astrantia major* 'Claret') mit Federgras (*Stipa arundinacea*) gelenkt, dahinter blüht der rotlaubige Bartfaden (*Penstemon digitalis* 'Huskers Red'). So entstand eine wunderbare Mischung aus traditionellen Sträuchern und modernen Farben.

Bäume und Sträucher mit schirmartiger Krone

- Feldahorn (*Acer campestre*)
- Felsenbirne (*Amelanchier lamarckii*)
- Buchsbaum (*Buxus sempervirens* var. *arborescens*)
- Hainbuche (*Carpinus betulus*)
- Kornelkirsche (*Cornus mas*)
- Geflügeltes Pfaffenhütchen (*Euonymus alatus*)
- Zierapfel (*Malus* 'Evereste', 'Rudolf')
- Nelkenkirsche (*Prunus serrulata* 'Kanzan')
- Immergrüner Großblatt-Schneeball (*Viburnum rhytidophyllum*)
- Österreichische Schwarzkiefer (*Pinus nigra* ssp. *nigra*)
- Blaue Waldkiefer (*Pinus sylvestris* 'Glauca')
- Kanadische Hemlocktanne (*Tsuga canadensis*)

Beziehbar: Bruns Pflanzen,
26146 Bad Zwischenahn,
www.bruns.de

Garten-Design Tom Stuart-Smith, London, GB
Ort London, GB

Sind schwarze Pflanzen sexy?

Das behauptet zumindest Karen Platt in ihrem Erfolgsbuch „Black Magic and Purple Passion“ (Black Tulip Publishing), denn dies kann man von keinen anderen Pflanzen behaupten. Sie assoziiert die schwarzen Gewächse mit Jazz und Blues. Auf jeden Fall ist die Suche nach der schwarzen Rose, der schwarzen Tulpe und vielen anderen weder neu noch abgeschlossen. Zwar hat die Geschichte des Tulpenzüchters Cornelius van Baerle in dem Roman von Alexandre Dumas d. Ä. (1802–1870) ein gutes Ende genommen (Ende des 18. Jahrhunderts wurde dem Züchter einer schwarzen Tulpe eine Prämie von 100 000 Gulden versprochen ...), aber es wird noch immer für dieses Ziel gezüchtet. Die Liebe zu den dunkelblütigen Pflanzen, den Stauden und Zwiebelblumen mit schwarzen Blüten und den Gehölzen mit dunkelrotem Laub dauert an und jede neue Sorte wird von einer wachsenden Fangemeinde bejubelt.

Der Garten

Dieses kleine Idyll zeigt den Ausschnitt in lichtem Schatten eines größeren Areals und ist dennoch typisch für eine moderne Gestaltung und Bepflanzung. Die Ausführung wird weniger unter gärtnerischen Gesichtspunkten betrachtet, sondern vielmehr unter einem künstlerischen Aspekt. Es kommt auf den schönen Effekt an. Da hilft auch die Spiegelung auf dem 50 cm breiten Wasserbecken, auf dessen Oberfläche sich die Halme des Schwarzen Bambus (*Phyllostachys nigra*) viel wirkungsvoller darstellen als vor dem Hintergrund der dunkellaubigen Stauden. Der Bambus wird gut fünf Meter hoch, seine Halme wachsen sehr gerade (was längst nicht auf alle Bambusarten zutrifft), aus denen hellgrüne Blättchen hervorsprießen. Nicht vergessen: Eine Rhizomsperre eingraben, damit sich der Bambus in einigen Jahren nicht im gesamten Garten ausbreitet! Der Erdboden ist mit dunklen Kieselsteinen aus Thailand abgedeckt, die sich bei Feuchtigkeit schwarz einfärben. Die passenden Pflanzen sind Purpurglöckchen (*Heuchera micrantha* 'Palace Purple') mit den braunroten Blättern und das feingliedrige Laub des Roten Schlitzahorns (*Acer palmatum* 'Dissectum Atropurpureum'). Gleich dahinter wurde eine Gruppe Funkien (*Hosta sieboldiana* 'Frances Williams') gesetzt und eine seltene Pflanze im Garten – ein australischer Baumfarn (*Dicksonia antarctica*). Das lebende Fossil übersteht leichte Fröste gut und wird deshalb immer häufiger ausgewählt.

Wenn es fast schwarz sein soll

- Gefüllte Akelei (*Aquilegia*-Vulgaris-Hybride 'Black Barlow') mit tiefvioletter Blüte
- Stockrose (*Alcea rosea* 'Nigra') blüht im 2. Jahr nach der Aussaat
- Bartiris (*Iris*-Barbata-Elatior-Hybride 'Night Ruler')
- Waldrebe (*Clematis* 'Black Prince'), in tiefem Purpurrot, fast schwarz aufblühend
- Rotschleierfarn (*Dryopteris erythrosora*) mit rötlichem Austrieb, wintergrün
- Schlangenbart (*Ophiopogon planiscapus* 'Nigrescens'), auberginefarbenes „Gras“
- Storchschnabel mit dunklem Laub (*Geranium pratense* 'New Dimension')
- Tulpe 'Queen of Night', schwarzlila, T. 'Black Hero', gefüllt blühend, tiefdunkelblau

Garten-Design Kate Gould, London, GB
Ort London, GB

Der Trend geht zu dunklen Tönen. Hier sind es anthrazitfarbene Kiesel und schwarze Bambushalme, kombiniert mit dem dunklen Laub des Purpurglöckchens (Heuchera).

Vogelpark

Vorbei die Zeit der niedlichen „Berliner Bären" & Co., die in Gartencentern als geschnittene Tierfiguren aus Buchsbaum angeboten wurden? Nicht ganz – sie sind wieder da. Geschnittene Pflanzenfiguren sind dekorativ, aber nicht für jeden Geschmack und nicht für jeden geeignet, denn sie brauchen regelmäßige Pflege. Ein Vergleich drängt sich auf. Vor Jahren waren auch Bonsais in Mode. Das Interesse an ihnen verblasste, als festgestellt werden musste, dass die kleinen Bäumchen nicht so niedlich blieben, wie sie gekauft wurden. Sie benötigen einen speziellen Standort, eine tägliche Fürsorge und einen gekonnten Schnitt. Wer dies nicht berücksichtigt, muss zusehen, wie der teure Import nach und nach eingeht. Ähnlich verhält es sich mit geschnittenen grünen Kunstwerken auf der Terrasse. Ohne eine gleichmäßige Betreuung bleiben sie nicht in Form und wachsen sichtbar ungepflegt weiter und stehen nicht mehr im Blickpunkt. Aber wer seine Vögel umsorgt, wird dafür reich belohnt. Für den einen (die eine) ist es Arbeit, für den anderen (die andere) ist es das reinste Vergnügen ...

Der Garten

Marc De Winter hält sich seinen Vogelpark direkt auf der Terrasse, die jetzt im Frühherbst besonders einladend wirkt. Die Vogelskulpturen sind Teil seiner perfekten, bis ins Detail durchdachten Gartenarchitektur (siehe Seiten 32 und 156). Das Ungewöhnliche dieser Vogelgruppe sind die starken Stämme, auf denen die grünen Buchsbaumtiere zu ruhen scheinen. Ein typisches Merkmal für alte Buchsbäume, da es etliche Jahre braucht, bis sie so ausehen. Da die Pflanzen in Gefäßen stehen, wird während dieser Zeit viel Pflege gefordert. Regelmäßiges Gießen wird ebenso verlangt wie eine gleichmäßige Versorgung mit Nährstoffen (Depotdünger für Kübelpflanzen). In den ersten Jahren sind die Pflanzen unschön, wenn vom Drahtgestell mehr zu sehen ist als von den Pflanzen, aber Geduld wird belohnt. Für Marc De Winter ohnehin. Er kann gar nicht genug grüne Vögel um sich haben.

Wie ein schöner Vogel entstehen kann

- Möglichst buschigen Buchsbaum, Liguster oder eine Eibe pflanzen.
- Es wird in einen Kübel gepflanzt oder so ins Beet, dass ein Gießrand entsteht, in dem das Wasser zurückgehalten wird.
- Etwa ein Jahr wachsen lassen, bevor mit dem Schneiden begonnen wird.
- Mit einem festen Draht, der sich nur schwer biegen lässt oder mit Hilfe von Bambusstäben und Draht wird die gewünschte Vogel- oder auch jede andere Form nachempfunden und standfest gebildet.
- Während der Wachstumsphase werden einzelne Äste an die Drahtkonstruktion gehalten und daran an mehreren Stellen festgebunden.
- Seitentriebe, die herausschauen, werden regelmäßig gestutzt.
- Frostschutz ist bei allen Formgehölzen notwendig, die im Kübel stehen.

Garten-Design Marc De Winter, Bloem Bloem, Halle-Zoersel, B
Ort Halle-Zoersel, B

Wie eine Blumenwiese

Erstaunlich, was Farbe im Garten bewirken kann. Sie kann beleben, überraschen, verzaubern, aber auch ärgern. Im Trend ist nach wie vor der sogenannte Weiße Garten. Ausgehend von Vita Sackville-Wests Geniestreich, vor mehr als 50 Jahren eines der Gartenzimmer von Sissinghurst Castle Garden nur den weißblühenden Rosen und Stauden zu überlassen, wird diese Komposition immer wieder gern kopiert, im besten Fall weiterentwickelt. Weiß hilft allerdings auch, andere Farben zu trennen und zum Leuchten zu bringen. Der Wunsch, Unmögliches möglich zu machen, verleitet dann auch dazu, Pflanzen mit schwarzen Blüten zu sammeln und in einer Rabatte zusammenzustellen (siehe Seite 148). Für eine Minderheit ist es modern, kann aber auch zur Obsession führen. Die Auswahl ist größer, wenn man sich den optimistischen Farben zuwendet, zum Beispiel dem Gelb. Das mag auch nicht jeder, aber es ist freundlich und kommt.

Der Garten

Beschwingt, heiter und voller Lebensfreude wirkt der Garten, der an eine Wildblumenwiese erinnert, in der gelbe, orangefarbige und rote Töne überwiegen. Den Ton geben die hübschen Gelbtöne der etwa 1,20 Meter hohen Königskerzen (*Verbascum* 'Cotswold Queen', mit purpurner Mitte, und der hellgelben Sorte *Verbascum* 'Gainsborough') an. Sie blühen ab Juli, und wenn sie zurückgeschnitten werden, bilden sich immer wieder neue Knospen und Blüten bis in den Herbst. Vorausgesetzt ist ein sonniger Standort. Es wirkt einfach zuversichtlich, wie die Stauden ihre Blütenrispen innerhalb weniger Wochen in die Höhe schieben. Zur Ergänzung wurden Steppenlilien (*Eremurus*) gepflanzt, die sich hier knospig zeigen. Den Hintergrund vor der Lindenhecke bildet eine große Gruppe Fingerhut (*Digitalis*). Damit die hohen Stauden einen festen Stand bekommen und bei Wind nicht so leicht umknicken, haben sie ausgewählte Begleiter bekommen. Das ist auch aus optischen Gründen notwendig, weil die Proportionen stimmen müssen. Deshalb wurde eine Vielzahl weniger hoher Stauden ergänzt. Für den wohltuenden Gesamteindruck sorgen auch die speziell geformten Granit-Stufen, die in leichtem, spiralförmigem Bogen durch die Pflanzung zum erhöhten Sitzplatz führen, fast schweben sie. Dank der Bauweise, in der sie mit einigem Abstand voneinander gelegt sind, ergibt sich die angenehme Schattenbildung und manchen Pflanzen gelingt es, das breite Steinband zusätzlich aufzulockern. Der praktische Nebeneffekt liegt auf der Hand: Die Beete rechts und links der Stufenplatten lassen sich leicht bearbeiten, jäten, düngen, schneiden und, falls notwendig, alle zwei bis drei Jahre umpflanzen, wenn sich manche Stauden zu breit gemacht haben. Als ideales Geleit bietet sich die etwa 30 cm hohe Nelkenwurz (*Geum*) an, eine Staude, die in den letzten Jahren in Vergessenheit geraten ist. Zu den ebenfalls „dankbaren" Blütenstauden zählen auch Taglilien (*Hemerocallis*), die hier in die Innenkurve gepflanzt sind. Von ihnen gibt es unzählige Sorten in den feinsten Abstufungen von Gelb bis Orange. Als zurückhaltende Partner bieten sich Stauden mit grauem Laub an. Zu den bewährten Arten zählen die Eberraute (*Artemisia*) und der silbrig-filzige Ziest (*Stachys*).

Garten-Design Jane Hudson und Erik De Maeijer, Thompson Landscapes, Goffs Oak, GB
Ort Chelsea Flower Show, London, GB

Kommt der Mühlstein zurück in den Garten?

Was waren das für „gemütliche" Zeiten, als in den siebziger Jahren noch zu fast jeder Garteneinrichtung ein Mühlstein gehörte. Zunächst waren es die echten alten, die ausgedienten Granitstücke, die als Brunnen oder Quellstein mit Wasserauffangschale und Umwälzpumpe eine neue Karriere erlebten. Nun plätschert wieder Wasser über den Stein. Inzwischen haben die neuen Mühlsteine aus dem Fernen Osten Einzug gehalten. Ihnen geht der Charme ab, aber sie sind preiswert zu haben und das allein scheint zu zählen ... Aber das gilt ja nicht nur für Granitsteine aus China.

Der Garten

Tradition kann auch im Garten gepflegt werden. Aber es muss ja nicht eine Kopie der alten überlieferten Form sein. Mühlsteine waren Gebrauchsgegenstände, die im Garten abgestellt und gelagert wurden, wenn sie durch neue Steine ersetzt werden mussten. Diese Gewohnheit hat Ulf Nordfjell aufgegriffen und in eine moderne Form übertragen. Er ließ einen zylindrischen Stein aus schwedischem Bohus-Granit arbeiten, der sich wesentlich von den bekannten Mühlsteinen unterscheidet. Er hat eine gleichmäßig gestockte und scharrierte Oberfläche, eine Stärke von 35 cm und eine Öffnung, die nicht in der Mitte liegt. Deshalb erstaunt er, wirkt nur als Erinnerung an ein längst vergangenes Zeitalter und lädt zum Sitzen ein, um sich an den Stauden ringsum zu erfreuen. Reizvolle Partner des Schwergewichtes sind die Buchsbaumkugeln, deren einzelnes Volumen zwar nicht ausreicht, um es mit dem Granitstein aufnehmen zu können, aber zu zweit sind sie stark und vermitteln innerhalb des Gartens eine interessante Spannung. Ebenso wie der zylindrische Sitzstein überdecken sie den gepflasterten Kieselweg, der sich ebenfalls gut in das ländliche Milieu einfügt. Er ist kein direkter Durchgangsweg, sondern vielmehr eine Art Pfad, der die Bepflanzung nicht durchtrennt, sondern auflockert, um sie gelegentlich pflegen und, vor allem, um sie in Ruhe aus der Nähe betrachten zu können.

Die Pflanzen

Gewöhnlicher Buchsbaum (*Buxus sempervirens* var. *arborescens*) in seiner vielleicht schönsten Form, gleichmäßig rund geschnitten, sodass die Kugel wirkt, als läge sie auf der Erde. Dazwischen die schlanken Stämme der heimischen Waldkiefer (*Pinus sylvestris*). Begleitende Gräser, Zwiebelblumen und Stauden fügen sich ins Bild, wie das Riesenfedergras (*Stipa gigantea*), dessen Blüten über allem zu schweben scheinen. Oder die weißen Blütenkugeln des Kugellauch (*Allium* 'Mont Blanc'), die bis zu 100 cm hoch werden können. Die schöne Salvie (*Salvia nemorosa* 'Caradonna') oder links neben dem Granitstein die kleinen Spanischen Gänseblümchen (*Erigeron karvinskianus*), die nicht nur ohne Pause bis in den Herbst ihre „Blümchen" hervorbringen, sondern sich in sonnigen Fugen aussäen und vermehren.

Garten-Design Ulf Nordfjell, Stockholm, S
Ort Chelsea Flower Show, London, GB;
jetzt Botanischer Garten, Göteborg, S

Zebrastreifen

Pflanzen werden immer wieder von uns Menschen bearbeitet, gestutzt, geschnitten, getrimmt, bis sie solch einen Wuchs annehmen, wie wir es geplant haben. Obstbäume bekommen einen Erziehungs- und Verjüngungsschnitt, damit sie reich blühen und viele Früchte hervorbringen. Am stärksten werden Zwergbäume, die Bonsais, bearbeitet, an denen die Kunst ausgeübt wird, eine Harmonie in miniaturisierter Form darzustellen. Hecken dagegen werden meist nur ein bis zwei Mal pro Jahr gekürzt. Aber eine Hecke muss nicht nur eine Hecke sein. Mit ihr lassen sich erstaunliche Effekte erzielen.

Der Garten

Hecken sind sehr beliebte Komponenten eines Gartens. Am weitesten verbreitet ist die Hecke an der Straße und Grundstücksgrenze. Der Anlass sind meist Sicht- und Lärmschutz. Bei dieser Hecke, tatsächlich ist es eher ein Heckenensemble, hätte man darauf verzichten können. Aber aus optischen oder künstlerischen Gründen war sie wichtig. Es handelt sich um Rotbuchen (*Fagus sylvatica*). Ganz außen, nahe der Grundstücksgrenze wurden aufgeastete Heckenpflanzen im Abstand von etwa 50 cm, entsprechend der Größe des Wurzelballens, gepflanzt. Die Länge der weißen Stämme beträgt etwa zwei Meter. Darüber beginnt erst die Verzweigung. Vor diese Hochhecke wurde ein „Block" aus 80 cm hohen Jungpflanzen dicht an dicht gesetzt. Breite dieser „Hecke": drei Meter! Zur Betonung dieses kompakten Rotbuchen-Volumens ließ Marc De Winter hochstämmige Solitärpflanzen in weitem Abstand von fünf Metern hineinsetzen, deren Krone zu einer Kugel geschnitten wird. Jetzt hat sie bereits einen Meter Durchmesser. Das Besondere ist nun weniger der Schnitt, sondern das Weißen der Stämme. Hier ergänzen sich zwei Vorlieben: Erstens ist es eine gärtnerische Vorsichtsmaßnahme, denn freigestellte Buchenstämme können wie auch Obstgehölze „Sonnenbrand" bekommen, zum anderen ist es eine künstlerische Geste, weil es schön aussieht, wenn die astigen Stämme durch ihren Anstrich deutlich auf sich aufmerksam machen und ins Blickfeld gerückt werden.

Im Trend: das Weißen der Stämme

Die altbewährte Methode, ältere Obstbaumstämme und die unteren starken Äste mit Kalk zu bestreichen (auch weißen oder weißeln genannt) kommt wieder in Mode, ist sehr nützlich – und sieht gut aus. Der helle Farbton reflektiert das eingestrahlte Sonnenlicht deutlich besser als die dunkle Rinde. Er verhindert Frostrisse, durch die Krankheitserreger und Insekten in den Stamm gelangen können, hält den Stamm und seine Rinde elastisch und reduziert Moosbildung (Schachts „Weißanstrich" für Bäume ist eine witterungsbeständige Weiterentwicklung aus Meeresmineralien, Spurenelementen und Kieselsäuren). Die Anwendung erfolgt am besten in der Zeit von November bis April. Vor dem Anstrich Moos und Flechten entfernen, die häufiger auftreten, wenn die Baumstämme stark beschattet sind.

Garten-Design Marc De Winter, Bloem Bloem, Halle-Zoersel, B
Ort Halle-Zoersel, B

Grüne Großfamilie

Buchsbaum spielt in vielen Gärten eine Rolle. Als Einfassung, in Kugel- oder Pyramidenform, als Gruppe. Der immergrüne Strauch ist unkompliziert zu pflegen und äußerst schnittverträglich. Er drängt sich nie in den Vordergrund und ist im Winter ansehnlich, wenn viele Stauden und laubabwerfende Gehölze längst ihre Schönheit verloren haben.

Der Garten

Es ist nicht der erste Entwurf für dieses typische Hamburger Grundstück mit Wasseranschluss. Zuvor blühte es hier jahrelang üppig. Vor der Eibenhecke standen weiße 'Schneewittchen'-Strauchrosen mit anderen Stauden und Zwiebelblumen und dem *Rhododendron* 'Cunningham's White' – alles in Weiß, eingefasst von einer Buchsbaumkante. Dann Themenwechsel: Die Bauherrin entschied sich für Minimalismus, aber wie realisieren? Die Rosen wurden verschenkt, die Stauden auch. Nur der Rhododendron behielt seinen Platz. Bevor auch die Buchsbäume verschenkt wurden, sind sie alle zusammen zu einer großen Familie gepflanzt worden. Die immergrüne Einfassung blieb erhalten, um an die frühere Beetform zu erinnern. *Allium* 'Mont Blanc' und Schmucklilien (*Agapanthus*) sind nun der einzige Sommerschmuck in Weiß, deren Blüten entsprechend der Buchsbäume kugelförmig sind. Und der Sitzplatz am Wasser hat auch einen weißen Tupfer bekommen, die 2,15 Meter hohe Inout-Stehleuchte (Metalarte).

Garten-Design Ulrich Timm Grünplanung, Hamburg, D
Ort Hamburg, D

Refugium

Viele wünschen sich den Garten als eine Art Zufluchtsstätte, einen geschützten Ort zum Wohlfühlen, wo man mit Menschen ungestört zusammen sein kann, die man gerne um sich hat. Um solch einen Raum zu schaffen, bedarf es Feingefühl und Sachkenntnis. Die Bedürfnisse von Gartenbesitzern sind verschieden. Mancher begnügt sich mit wenigen Materialien, ein anderer schätzt die Vielfalt, auch was die Pflanzenauswahl und die Blütenfarben angeht. Häufig beeinflusst auch der Bewuchs der benachbarten Grundstücke den eigenen Garten, vor allem wenn es sich um höheren Baumbewuchs handelt. Bäume sind wichtig: Sie sind nicht nur Schattenspender, sondern vermitteln – im richtigen Verhältnis – eine behagliche Raumbildung.

Der Garten

In diesem Grundstück spielt der Wohlfühleffekt eine bedeutende Rolle. Es soll nicht elitär wirken, eher familiär sein und spontan ansprechen. Die Bepflanzung ist liebevoll eingesetzt worden. Auch die Blatt- und Blütenfarben sind mit Bedacht gewählt. Sehr geschickt, wie die Gruppe Neuseeländische Segge (*Carex*) die unschönen, schnell vergilbenden Blätter des Lauch (*Allium* 'Purple Sensation') verdeckt. Und auch die blutrote Berberitze (*Berberis thunbergii* 'Bagatelle') gefällt sich in der Rolle als dorniger Wegbegleiter. Und was passt dazu? Die orange blühende Triumph-Tulpe 'Prinses Irene'. Gleich dahinter, sozusagen als eleganter Hintergrund geben sich die grauen Polster des Heiligenkrauts (*Santolina chamaecyparissus*), zum Teil durch Fingerhut (*Digitalis*) unterbrochen. Und über allem stehen in gut gewähltem Abstand die Pyramiden-Hainbuchen (*Carpinus betulus* 'Fastigiata'). Die glatten Stämme sind ein wichtiges vertikales Gestaltungselement und nehmen die senkrechten Linien der Mauern auf. Ebenso wie die Installation, das ungewöhnliche Wasserspiel, über dessen glänzende Stahlwand (mit einem hellblauen „Auge") das Wasser gleichmäßig hinabrinnt. Dennoch bleibt der lohnende Blick in das Spiegelbild, wenngleich es durch den dünnen Wasserfilm ein wenig verzerrt wird – aber sehr apart.

Bäume und Großsträucher als Hochstämme

- Japanische Aralie (*Aralia elata*) fällt durch den bizarren Wuchs der stacheligen Stämme auf. Die „Krone" bilden 70 cm lange, gefiederte Blätter.
- Kornelkirsche (*Cornus mas*), gelbe Blütchen (im März), rote Früchte.
- Kugelahorn (*Acer platanoides* 'Globosum'), der bekannteste Kugelbaum, dessen zu erwartender Kronendurchmesser von bis zu sechs Metern bei der Pflanzung oft vernachlässigt wird. Dann wird's eng und schattig!
- Kugelrobinie (*Robinia pseudoacacia* 'Umbraculifera') wird vier Meter groß. Verträgt einen radikalen Rückschnitt, aber nicht zu tief ins Holz!
- Echter Rotdorn (*Crataegus laevigata* 'Paul Scarlet'), rundliche Krone, lange, spitze Dornen und viele karmesinrote, gefüllte Blüten.
- Zierapfel (*Malus* 'Evereste') bildet eine breitpyramidale Krone, hat weiße, rosa gesprenkelte Blüten, aus denen rotbackige Früchtchen entstehen.

Garten-Design Stephen Woodhams, London, GB
Ort Chelsea Flower Show, London, GB

Zeit der Weiden

Der Werkstoff ist sehr labil und trotzdem beliebt. Wie geht das? Weide hat besondere Eigenschaften, die sie so populär werden lässt. Obwohl es viele Arten und Sorten gibt, mit denen man arbeiten kann, ist die Verwendung von Korb- und Kopfweiden (*Salix viminalis*) besonders häufig. Sie wachsen in Feuchtgebieten und an Flussläufen, wo sie im Winter regelmäßig beschnitten werden. Dank dieser Maßnahme wird die Kulturlandschaft erhalten und zugleich das Material gewonnen, aus dem Körbe geflochten, Ufer befestigt, Hänge mit Faschinen gesichert – und „lebende" Zäune und sogar Gebäude erstellt werden. Anlässlich der Internationalen Gartenschau IGA wurde 2003 in Rostock ein 15 Meter hoher Weidendom gebaut.

Der Zaun

Die Situation ist alltäglich: Um die Unfallgefahr an der Einfahrtsrampe zur Garage auszuschließen, wurde eine Schutzmauer oder ein Zaun verlangt. Eine Strauchpflanzung allein hätte nicht ausgereicht und sähe im Vorgarten am Weg zum Hauseingang unschön aus. Eine Hecke würde zu massig wirken. Da die Bauherrschaft an natürlichen Lösungen interessiert war, kam schließlich nur ein „transparenter" Weidenzaun in Frage. Daraus entstand eine Mischung aus lebenden Ruten und einem Material, das nicht mehr austreibt. Im Abstand von etwa 30 cm wurden die etwas stärkeren Ruten in ungefähr 30 cm tiefe Löcher gesteckt, die Erde mit Humus verbessert. Anschließend ging es an das waagerechte Flechten der dünneren Zweige, wobei immer wieder ein Zwischenraum frei blieb. In den ersten Wochen brauchte der Zaun reichlich Wasser, damit die senkrecht gesteckten Ruten Wurzeln bilden und standfest werden konnten. Der Pflegeaufwand ist relativ gering. Die frischen Triebe werden nur einmal im Jahr zurückgeschnitten (wenn der Mond günstig steht!), um die optische Leichtigkeit des Zaunes zu erhalten und damit das Geflecht nicht zu breit wächst. So kann sich auch die sonnenliebende Steife Verbene (*Verbena bonariensis*) entfalten und Jahr für Jahr ihre Blütentuffs präsentieren.

Mehr über Weiden

Weidenruten werden am besten in der Vegetationsruhe im Winter geschnitten. Bis zur Verarbeitung werden sie feucht und schattig gelagert. Sie dürfen nicht austrocknen. Eine günstige Pflanzzeit ist von Februar bis April. Meist kann auch, abhängig von der Witterung, von November bis Juni gearbeitet werden. Am einfachsten lassen sich dünne Ruten flechten. Flecht-Spezialisten haben Techniken entwickelt, um auch kräftiges Material verarbeiten zu können (www.flechtwerk-hamburg.de). Hierfür werden Pfosten aus Robinienholz verwendet. Die Haltbarkeit eines Weidengeflechts beträgt gut zehn Jahre. Form und Verlauf können sehr verschieden sein. Senkrechte Ruten treiben immer wieder frisch grün aus, wenn sie etwa 30 cm tief in die Erde gesteckt werden. Schräg gesteckte erhöhen die Stabilität. An den Kreuzungspunkten werden sie mit Schnüren verbunden.

Garten-Design	Ulrich Timm, Hamburg, D
Realisation	W. Bielfeldt (Steffen Kron), Börnsen, D
Ort	Hamburg, D

Im Dschungel der Stadt

Das ist ja nicht ungewöhnlich. Ein Dschungel von Flieder- und Holunderbüschen, die sich nicht beherrschen können, weil sie sich selbst überlassen waren. Sie überwuchern Plätze und Mauern und schattieren alles, was mal als sonniger Garten gedacht war. Auch Ahorn, Kastanien, Robinien und andere Baumarten neigen zu ausladendem Wuchs, wenn sie wachsen können, wie sie dürfen. So entsteht, was wir Dschungel nennen. Aber Urwald kann auch die Absicht einer Garten-Designerin sein und dann sieht es richtig exotisch aus.

Der Garten

Verwilderte Gärten zwischen hohen Hauswänden und altem Baumbestand sind keine Seltenheit in der Stadt. Sie werden meist vernachlässigt, weil darunter ohnehin kaum etwas „Lohnendes" an Gehölzen oder Stauden gedeihen kann. Aber wenn man solch einer Atmosphäre eine exotische Note verleiht, hat es eine ganz andere Qualität. Das war der auslösende Gedanke für Phillippa Probert. Sie wollte einen Garten kreieren unter dem Leitgedanken: Weg vom eleganten Wohlfühl-Stil der City und hin zur Natur, zur ungeordneten Wildnis eines Urwaldes. Dafür schuf sie einen schönen Hintergrund, eine leuchtend blaue Wand. Sie wird zwischen den Pflanzen sichtbar und täuscht die Weite des Meeres vor. Der schöne Schein des Urwaldes wird nicht durch Palmen, sondern durch Baumfarne (*Dicksonia antarctica*) in ganz unterschiedlichen Höhen geprägt. Dies ist eine schattenliebende Art aus dem gemäßigten Klima der Regenwälder und genau richtig für unsere Witterung. Ergänzt werden die Exoten in dem Dschungel durch Farne und Moose, die in unserem Klima heimisch sind, sowie durch Waldglockenblumen (*Campanula*) und hübsche Prachtspieren (*Astilbe arendsii* 'White Gloria'). Sie überwuchern die Wegeflächen aus Splitt und natürlich wirkenden Platten aus recyceltem, faserverstärktem Granit (organicstone). Den Mittelpunkt bildet das rote Glashaus (Bartholomew Contemporary) mit den Maßen 2,30 x 2,30 Meter. Groß genug, um darin zu relaxen und der Stadt und allem Unangenehmen zu entfliehen. Oder die Flucht nach vorn: Ist es der Arbeitsplatz der nahen Zukunft mit schnellem Internetanschluss und dem Anblick einer verwunschenen Traumlandschaft zwischen Paradies und Wirklichkeit?

Über Baumfarne

Sie existieren seit dem Erdaltertum vor ca. 400 Millionen Jahren und wachsen heute vorwiegend in tropischen und subtropischen Regengebieten, vorwiegend in Australien, Neuseeland und benachbarten Ländern. Der Baumfarn der Art *Dicksonia antarctica* ist robust und toleriert sogar einige Frostgrade. Vor dem Winter müssen „Stamm" und Wurzelbereich mit Frostschutzmatten (aus natürlichen Materialien) umwickelt werden. Bei größerer Kälte erfrieren die bis zwei Meter langen Wedel, treiben aber neu aus, wenn es wieder wärmer geworden ist. Fürs Pflanzen ist das Frühjahr ein günstiger Zeitpunkt. Vertrieb: www.baldur-garten.de, www.tropengarten.de.

Garten-Design Phillippa Probert, Wirral, GB
Ort Tatton Hall, Knutsford, GB

Die **modernen** *Extras*

Der Teich im Teich

Wasserbecken in Gartenanlagen und Parks haben eine große Tradition. In barocken Gärten sind sie – häufig mit einer hohen Fontäne ausgestattet – ein beeindruckender Bestandteil. Sie wurden in der Wegeachse von Schloss oder Herrenhaus angeordnet, sind Blickfang und veranlassen den Besucher zu einem Umweg. Die Bepflanzung ist meist sparsam, auch der Fischbesatz. Solche Tradition wird auch in heutigen Gärten aufgenommen, aber auf „heutige" Dimensionen reduziert. Anstelle breiter Sandsteineinfassung werden schlanke Materialien verwendet.

Der Entwurf

Die Idee für diesen Schaugarten ist originell. Wie in den Schlossgärten von früher wird ein großes Wasserbecken integriert, aber modern. Rund soll es sein, wenigstens fast rund. So wird ein fünf Meter großes Wasserbecken aus Walzstahl angelegt, ganz flach, damit man den Basaltschotter auf dem Beckenboden noch erkennen kann. Aber der Kreis ist nicht perfekt rund, sondern wurde mit einer „Beule", einer Einbuchtung versehen. Und mittig sind zwei weitere, kleinere Wasserbecken eingebaut. So entsteht eine minimale, aber interessante Unterbrechung des schönen Wolkenbildes. Der verhältnismäßig geringe Aufwand verursacht eine verblüffende Wirkung.

Design Stephen Morgan, Patricia Stainton, Frome, GB
Ort Westonbirt, GB

Altes Handwerk in Charme-Offensive

Noch vor wenigen Jahren war nicht daran zu denken, dass das Steinmetzhandwerk solche Konjunktur erlebt. Trockenmauern und Steingärten waren nicht mehr der Hit. Nur Friesenwälle, in Nordfriesland heimisch, verbreiteten sich weit ins Flachland hinein, wo sie meist unpassend sind. Aber Trockenmauern haben wieder ihren Platz gefunden. Und auch Solitärstücke. Sie müssen keineswegs durch extra viele Polsterstauden verdeckt werden, wenn sie gut gearbeitet sind.

Der Garten

Ist es nicht schön, mit welch wenigen Mitteln solch heitere Gartenstimmung entstehen kann? Mittelpunkt ist, auch wenn hier ein wenig zur Seite gerückt, eine ungewöhnliche Steinkugel, aber kein Brunnen. Zweiundzwanzig Schichten aus Yorkshire-Sandsteinplatten sind erforderlich, um die Natursteinkugel (Ø 75 cm) zu formen. Jede einzelne Schicht setzt sich aus mehreren Platten zusammen, die nach außen rund geschlagen sind und wie Tortenstücke aneinandergepasst wurden. Kein Stein gleicht dem anderen. Das ist Kunsthandwerk. Andrew Loudon aus der englischen Grafschaft Cumbria ist der Meister solcher Arbeiten, die ihresgleichen suchen. Es ist eine Trockensteinbearbeitung auf höchstem Niveau. Hier wird sichtbar, dass es sich um handbearbeitete Steine handelt und nicht um eine maschinelle Serienherstellung. Da lässt sich auch gerne auf das Plätschern von Wasser verzichten. Eine heitere, sommerliche Bepflanzung ist genau das Richtige, um diese Arbeit, für die Andrew Loudon drei Tage benötigte, locker zu umhegen.

Die Farben des Sommers

Fröhlich und beschwingt, fast etwas ländlich wie in einem Cottagegarten, gibt sich dieses moderne Staudenbeet. Und immer wieder wird es durch Ziergräser ergänzt. Hierbei handelt es sich keineswegs um Neuheiten, sondern um Pflanzen, deren Qualität wieder erkannt und geschätzt wird. Die leuchtenden, roten Blütenpunkte gehören zu der Roten Nelkenwurz (*Geum coccineum*), die kompakt wächst, wobei das Laub wintergrün bleibt. Zur Zeit wird es völlig von dem Zarten Federgras (*Stipa tenuissima*) überdeckt. Wie seidige Wolken überspielt es den Vordergrund und gibt den Blüten einen Halt, die in großen Mengen den ganzen Sommer lang erscheinen und sich beim zartesten Luftzug bewegen. Etwas robuster gibt sich das Einjährige Lampenputzergras (*Pennisetum setaceum*) mit seinen flauschigen, rötlichen Rispen, das zwar mehrjährig, aber nicht winterfest ist. 'Sauce Hollandaise' nennt sich die hübsche Sorte der Färber-Hundskamille (*Anthemis tinctoria*), die durchaus an die echte Kamille erinnert. Den Hintergrund bilden die Gruppen der Schafgarbe (*Achillea filipendulina*) mit gelben und crèmefarbenen Blütentellern. Das Sommerbild wird abgerundet (rechts) durch den Federmohn (*Macleaya cordata*) mit großen, herzförmigen Blättern und federartigen Blüten. Wenn er die Möglichkeit bekommt, nimmt er schnell viel Platz in Anspruch. Da ist der vorherige Einbau einer Rhizomsperre, wie bei Bambus, sinnvoll.

Stein-Design	Andrew Loudon, Coniston, GB
Pflanzung	Beetham Nurseries, Beetham, GB
Ort	Tatton Hall Park, Knutsford, GB

Big is beautiful

Ein Kübel mit Pelargonien, Fleißigen Lieschen oder einer Buchsbaumkugel im Vorgarten – das kann jeder, wie man überall beobachten kann. Ob nun in Terrakotta, frostfestem Terracast oder anderen Materialien. Es ist nichts Außergewöhnliches, um Besucher zu erfreuen oder gar zu beeindrucken. Wer Wert darauf legt, dass sein Entree, das Haus, der Garten in Erinnerung bleiben, muss origineller sein und schon andere Mittel einsetzen.

Der Garten

Mit solchen Gefäßen kann ein Haus- und Garteneingang auf sich aufmerksam machen – und das ist nun keineswegs aufwendig, wie man meinen könnte. Im Gegenteil. Zwar lässt sich einwenden, dass ein einzelnes Gefäß ausreichen würde als einladende Geste, aber der Kritiker hätte die Idee nicht verstanden. Etwas mehr als gerade das Nötigste zu zeigen, ist ganz einfach modern. Überraschend ist die Art der Gefäße: das doppelwandige Zinkblechmaterial, das 80 cm hoch ist und mit einem breiten Kragen versehen wurde. Diese Höhe ist ideal und sollte bei möglichst vielen Gartengefäßen eingeführt werden. Tipp: Rosen als Tiefwurzler brauchen ohnehin eine größere Tiefe, als normale Kübel sie bieten. Längere Gefäße ermöglichen, dass man näher an den Pflanzen ist, dass man sich die Blätter anschauen kann, an Blüten schnuppern, ob sie einen Duft hergeben. Und wenn es etwas zu pflegen gibt, lässt sich das Unkraut in dieser Arbeitshöhe bequemer jäten. Aber warum gleich drei Gefäße nebeneinanderstellen? Sie strahlen Großzügigkeit aus. Wir geben und zeigen gern, was uns selbst gefällt. Und die Bepflanzung? Sie kann natürlich frei gewählt werden. Aber hier entschied sich Fenna Graf für Funkien (*Hosta*-Tardiflora-Hybride 'Halcyon') mit dem stahlblauen, herrlich gezeichneten Laub, das nun aus der Nähe angeschaut und vielleicht sogar angefühlt werden kann. Für manche Gefäße, die so hoch und schlank sind, gibt es Einsätze, die etwa ein Drittel der Gesamthöhe ausmachen, um weniger Erde zu verwenden. Diese Gefäße wurden jedoch vollständig mit Pflanzsubstrat gefüllt. Dadurch sind sie sehr standfest, und wie man den Funkien ansehen kann, fühlen sie sich in dem lichten Schatten des Geißblatts sehr wohl. Und dies bereits seit mehreren Jahren.

Die schönsten Funkien

Funkien haben viele Freunde, weil es so unkomplizierte Blattstauden sind. Es gibt mehrere tausend Arten und Sorten und in jedem Jahr kommen neue auf den Markt, die sich durch Blattgrößen und -formen, vor allem durch die Blattzeichnung, aber auch Blütenfarben und -duft unterscheiden. Funkien werden in vielen Gärtnereien angeboten. Wer etwas Besonders möchte, wendet sich an Dr. Ullrich Fischer, Waterloostraße 19, 38106 Braunschweig, Telefon (05 31) 33 41 10, www.gartenliteratur.de/Pflanzen/hosta. Er bietet eine umfassende Fachberatung und ein sehr großes Sortiment. Pflanzen ohne Beratung: Fransen Hostas, Ter Aar bei Nieuwveen, Holland, www.hostaparadise.com.

Garten-Design Fenna R. Graf, Ascheberg, D
Ort Ascheberg, D

So wenig kann so viel bedeuten: einladen, verblüffen, begrüßen. Große Gefäße sind immer eine Überraschung. Erst recht, wenn sie mit schönen Funkien 'Halcyon' bepflanzt sind.

Chill-out-Room

Spätestens seitdem auch der Duden „chillen" als umgangssprachliche Bezeichnung für „sich entspannen" und sogar das Wort „Chill-out-Room" in sein Standardwerk aufgenommen hat, sind diese Anglizismen geläufig. Weniger im Zusammenhang mit einem Garten als vielmehr mit Lounges und Beach Clubs in der City. Ein Garten ist meist von Natur aus ein Ort zum Faulenzen und Relaxen, wenn man sich nicht von der Gartenpflege stressen lässt oder, ganz anders, wenn man es als Entspannung empfindet, sich Jeans anzuziehen, um sich im Garten zu betätigen, zu schneiden, zu jäten oder zu mähen. Zum Chillen braucht man eine Wohlfühlumgebung mit angenehmer Atmosphäre und wohltuenden Geräuschen. Da bietet der Umgang mit Wasser viele Möglichkeiten. Plätschern und Rauschen ist immer anregend, wenn es nicht zu laut ist. In manchen Gärten, zum Beispiel an „verkehrsgünstig" gelegenen Gebäuden, wird der Geräuschpegel eines Wasserfalls sogar als Mittel eingesetzt, um vom unangenehmen, zu lauten Verkehrslärm abzulenken.

Der Entwurf

Dieser Garten oder auch „Chill-out-Outdoor-Room" hat ein berühmtes Vorbild. Paul Martin hatte die Umrisse des berühmten „Fallingwater-Hauses" im Kopf, das Architekt Frank Lloyd Wright (1867–1953) vor mehr als 70 Jahren in Pennsylvania gebaut hat. Das Einfamilienhaus errichtete er direkt über einem Wasserfall. In das Konzept seiner organischen Architektur passte, dass der Bach durch das Haus gelenkt und unterhalb als sichtbarer Wasserfall weitergeführt wird. Dieses Thema hat Martin in diesem Garten modifiziert, indem er eine Gabionenmauer aus gestapelten Sandsteinplatten plante und dabei ein Feld freiließ, um hier das Wasser als fließende Wand darzustellen. Am Fuß der Mauer wird das Wasser aufgefangen und unter einem Holzsteg hindurchgeleitet. Hier ergießt es sich über eine breite Glastafel, die seitlich gefasst ist und einen Meter vorragt, und plätschert gemächlich in den Teich.

Der Garten

Auf 180 m² wird ein traumhafter Garten zelebriert, der nichts anderes möchte als gefallen. Fast alles auf diesem Areal ist rund gehalten. In der leicht verschobenen Mitte liegt das fünf Meter große, runde Wasserbecken. Die Terrasse aus Sandsteinplatten ist der Rundung angepasst. Der anschließende Weg führt über den Wasserfall hinweg. Um zu verhindern, dass er eine zu starke Schneise in die Bepflanzung zieht, ließ der Garten-Designer starke Hartholzbohlen (25 cm breit, 8 cm hoch) einbauen, die, im breiten Abstand, jeweils auf die Mitte des Wasserbeckens ausgerichtet wurden. Die Bepflanzung wirkt so heiter, weil sie abwechslungsreich ist. Der hohe Bambus (*Phyllostachys*) vermittelt den Übergang von der hohen Gabionenwand zu dem Staudenbeet, in dem Prachtspiere (*Astilbe*), Gelbrandfunkie (*Hosta*), Riesenehrenpreis (*Veronicastrum*), aber auch einjähriger duftender Ziertabak (*Nicotiana silvesteris*) und ein Olivenbaum (*Olea*) nicht fehlen dürfen.

Garten-Design Paul Martin, Dublin, IRL
Ort Hampton Court, GB

Das Runde ins Eckige

Über die Bedeutung und Faszination von Kugeln ist fast alles gesagt, denn in ihrer vollendeten Form haben Kugeln die menschliche Vorstellungskraft seit jeher inspiriert. Kugeln repräsentieren die Welt, da das Runde sowohl in der Natur als auch in der Zivilisation besteht. Wie die Kristallkugel, die beim Wahrsagen hilft, wenn man nur tief genug in das Glas hineinsieht? Kugeln bestimmen immer häufiger unser Leben. Warum nicht auch unser Leben im Garten? Hier draußen im Freiraum reflektieren sie die Welt um uns herum am schönsten. Ganz neu ist die Idee nicht, denn die farbigen, innen verspiegelten Rosenkugeln, die vor allem seit der Biedermeierzeit geschätzt wurden, faszinierten durch ihre schillernden Farbreflexe vor allem im Winter das Gartenbeet, wenn die Pflanzen ohne Blüten fast unsichtbar geworden sind und die Erde schwarz ist.

Der Garten

An dieser gläsernen Kugel kommt man einfach nicht vorbei. Obwohl der Garten gekonnt angelegt und interessant bepflanzt ist, fokussiert diese Kugel den Blick jedes Besuchers. Es ist die Heiterkeit und Frische, die von dieser „Wasserlinse" ausgeht. Das Ungewöhnliche ist, dass das Wasser fast unsichtbar von oben über die Acrylkugel fließt und dabei nicht abtropft, sondern wie eine dünne Filmschicht an dem Material zu haften scheint und auf die Wasseroberfläche gleitet, ohne sichtbar Wellen zu verursachen. Da die „Auffangschale" wie auch die Plattform, auf der die Kugel montiert ist, aus poliertem Edelstahl gefertigt werden, entstehen herrliche Reflexionen. Bei geringer Fließgeschwindigkeit reflektieren Wolken und Garten ringsum, bei erhöhtem Tempo bewegen sich dann doch Wellen von der Mitte aus. Und im Winter, falls es Frost geben sollte, entsteht eine kuriose Eisskulptur. Trotzdem lohnt darüber hinweg ein Blick in den Garten, der sich auf die weißblühenden Pflanzen beschränkt. Rechts im Foto steht – fast unbemerkt – ein zwei Meter hoher Obelisk, der auch von Allison Armour entworfen wurde. Da er rundum verspiegelt ist, reflektiert er auf raffinierte Weise die fantansievolle Bepflanzung in vielen Varianten und verleiht dem Garten eine überraschende Tiefe.

Die Details

Die kugelförmige Wasserlinse (Aqualens) aus Acrylglas hat einen Durchmesser von 60 cm. Sie ruht so auf einer Edelstahlplatte, dass der Betrachter den Eindruck gewinnen muss, sie schwebt auf der Wasseroberfläche des runden Beckens, das ebenfalls aus Edelstahl hergestellt wurde. Das Becken kann in den Rasen, in den Terrassenbelag oder einen anderen festen Untergrund eingelassen werden. Ein elektrischer Anschluss für die Umwälzpumpe (ggf. auch für eine Beleuchtung) muss vorgesehen werden. Sie ermöglicht erst den Wasserkreislauf, der veranlasst, dass das Wasser gleichmäßig über die große Glaskugel rinnt. Der Einsatz langsam wirkender Chlortabletten verhindert Algenbildung. Internet: www.allisonarmour.us.

Garten-Design Peter Rogers, GB
Objekt-Design Allison Armour, Rusper, GB
Ort Limpsfield, GB

Blickfang und Ausblick

Kleine Gebäude in Gärten und Parks haben Tradition. Sie galten stets als Treffpunkt für besondere Stunden mit besonderen Menschen. Wie der Teepavillon im Park von Schloss Glienicke mit schönem Ausguck auf die Chaussee Berlin–Potsdam gelegen und deshalb eher bekannt als „Kleine Neugierde". Diese kleinen Bauten wurden dort errichtet, wo eine Aussicht oder ein Weitblick möglich war. Die Neugierde der Gartenbesitzer ist geblieben, allerdings lassen die heutigen Baugenehmigungen nicht mehr jeden Standort für ein Gartenhaus zu.

Der Gartenraum

Dieser moderne Gartenpavillon hat nur noch wenig mit der früheren Bauweise von Gartenhäusern gemein. Der Entwurf des „Gazebo" hat sich in die engen Grundstücksgrenzen eingefügt und kann sich jedem Gartenstil und jeder Nutzung anpassen. Er hat eine Grundfläche von 3,50 x 3,50 Meter und ist ganz aus Holz konstruiert. Der Pavillon ist als transparente Hülle zu verstehen, die variabel genutzt werden kann. Eine schlanke Treppe verbindet den unteren wohnlichen Gartenraum mit der erhöhten Terrasse in der oberen Etage, etwa 2,80 Meter hoch: ein von der Sonne verwöhnter Platz mit ganz viel Ausblick. Die Wände können mit Hilfe von Holzspalieren transparent bleiben oder mit Kletterpflanzen berankt werden. So individuell wie der Standort und die Vorliebe der Gartenbesitzer sind, wird der Gartenpavillon (wahlweise Nadel- oder geöltes Hartholz) gebaut und eingerichtet, also ganz minimalistisch oder üppig opulent, im ländlichen Stil oder, wie hier, mit einem Hauch exotischen Orientfeelings.

Garten-Design	Andreas Damm, Dirk Schekatz, Aquercus Garten- und Landschaftsarchitektur, Heinschenwalde, D
Ort	Park & Garden Country Fair, Stocksee, D
heute	Arboretum Ellerhoop, D

Der Weg ist das Ziel

Die besten Gärten leben von Täuschungen. Je raffinierter sie geplant und angelegt werden, um so interessanter und spannungsreicher sind sie. Das war in den Renaissanceparks der vorigen Jahrhunderte schon Brauch, wenn Baumalleen in der Weise gepflanzt wurden, dass sie Unendlichkeit vortäuschten. Es gibt diverse Möglichkeiten, wie Betrachter über die wahre Größe und Lage eines Grundstücks geschickt getäuscht werden können: Steigt das Gelände an, erscheint es weitläufiger, als wenn es eben ist oder ein Gefälle aufweist. Auch durch die Schaffung mehrerer Gartenräume, die durch Mauern und/oder hohe Hecken voneinander getrennt sind, erscheint die Ausdehnung des Geländes umfassender, als es der Wirklichkeit entspricht. Deshalb ist die sehr geläufige Meinung irreführend, dass das gesamte Grundstück überschaubar sein muss, um mehr vom Garten zu haben ...

Der Garten

Die Täuschung innerhalb dieses Gartens ist die Wegeführung. Als zentraler Bestandteil der Gartenplanung wurde die Blickachse durch ein Mondtor am Eingang dieses Gartenbereichs gewählt. Ein zweites Mondtor, auf der gegenüberliegenden Seite des Gartens angeordnet, lädt dazu ein, den Sitzplatz vor der rötlichen Sandsteinscheibe zu betreten (Foto). Ginge es nach den Prinzipien eines Chinesischen Gartens, müsste der Besucher die Tore genau in der Mitte durchschreiten, um damit den Eintritt in eine andere Welt zu symbolisieren. Die beiden Wege dorthin nehmen einen irritierenden Verlauf. Auf unterschiedlich breiten Platten und Pfaden geht es in Stufen hoch und hinunter oder seitlich versetzt. Damit das Ziel eigentlich nicht verfehlt werden kann, ist das Mondtor aus Travertin mit Bronzerahmen groß genug angelegt! Doch die reizvolle Bepflanzung entlang der Wege lässt es durchaus aus den Augen verlieren. Was hier so herrlich blüht, ist eine Auswahl prächtiger Stauden und Gräser, die in Mode sind. Ihr Blütenhöhepunkt sind die Monate Mai und Juni. Doch auch während des anschließenden Hochsommers bleiben die Pflanzen entlang der Wege attraktiv. Ganz zart und trotzdem dominant zeigt sich das Riesenfedergras (*Stipa gigantea*), dessen Blüten durchaus Augenhöhe erreichen können und hier fast das Mondtor. Sie betonen die Leichtigkeit und erfrischende Modernität des Pflanzenkonzeptes.

Die Pflanzen

Im Vordergrund dominieren Sterndolden (*Astrantia major* 'Roma'). Die Sorte mit den altrosa Blüten ist eine der besten Auslesen, die oft noch bis Oktober blüht. Darüber stehen die weißen Blüten der Wieseniris (*Iris sibirica* 'White Swirl'). Die anderen weißen Blüher sind: die (giftige) Große Knorpelmöhre (*Ammi majus*) und der Breitsame (*Orlaya*) sowie die Wiesenmargerite (*Leucanthemum vulgare*). Hinten und gegenüber breitet sich die Dreiblattspiere aus (*Gillenia trifoliata*), die den ganzen Sommer blüht und im Herbst überrascht, wenn ihr Laub rot wird. Attraktiv sind auch ihre Samenstände.

Garten-Design Jinny Blom, London, GB
Ort London, GB

Der Weg zum Ziel, dem Sitzplatz am Ende des Gartenbereichs, ist nicht ganz klar vorgezeichnet, aber er wird durch ein Arrangement verträumter Stauden und Gräser idyllisch.

Die Inszenierung

Ob ein Garten wirklich gelungen ist, zeigt sich nicht nur am Tage oder im Frühling, wenn Krokus und Tulpe um die Wette blühen, oder im Hochsommer, wenn die Beete prall gefüllt sind. Ein guter Entwurf bewährt sich auch im Dunkeln, wenn die Wege gut beleuchtet sind und sich der Garten zu einer bühnenreifen Kulisse wandelt. Das ist aufwendig, weil dafür viel installiert werden muss. Es bedeutet jedoch auch eine lohnende Investition.

Der Garten

Das Haus, der Wohnraum, ist ganz zum Garten hin geöffnet. Von hier aus möchten die Bauherren ihren Garten erleben. Je nach Witterung und Jahreszeit mal hinter Glas, mal bei geöffneten Türen, dass man fast den Eindruck gewinnt, man säße im Freien. Die Wasseroberfläche des Teiches erlaubt wunderbare Spiegelungen. Gleichgültig, von wo man auch schaut, es gibt hinreißende Anblicke, die Spiegelung der Wolken und vom Garten aus sieht man ins Haus hinein. Und um die vielen Stunden, in denen der Sitzplatz, der Teich, die Bepflanzung im Dunkeln liegen, nicht zu vergeuden, wurde Licht zu einer feinen Inszenierung installiert. Dabei wurde auch das Licht berücksichtigt, das aus dem Wohnraum herausstrahlt. Unterstützt wird es durch Strahler, die unterhalb des gläsernen Vorbaus montiert sind und vorwiegend den Teich überstrahlen. In den angrenzenden Bereichen wurden mehrere Blickpunkte ausgewählt, die durch Leuchtkörper betont werden sollen. Im Vordergrund wird der schöne Amberbaum (*Liquidambar styraciflua*) angestrahlt, der in seiner intensiv roten Herbstfärbung auch am Tage eine Lichtgestalt ist. Und warum soll man in der Dunkelheit auf den Anblick verzichten, wenn das Rot durch energiesparende Lichttechnik noch gesteigert werden kann oder die Sträucher und Stauden vor der erhellten Wand interessanter wirken? Es gibt nur einen Grund – wenn die Mittel fehlen ...

Mehr Licht, aber bitte nicht blendend!

Durch gezielt positionierte Leuchten wird der Garten optisch erweitert, wenigstens in der Dunkelheit. Dazu werden Erdeinbauleuchten verwendet, die Baumstämme und -kronen, die Pergola, den Sitzplatz, die Mauer, die Hausfassade akzentbetont ausleuchten und per Fernbedienung vom Haus geschaltet werden können: Downlights für die Wegeflächen, Strahler für den Hintergrund. Für die lichttechnische Gestaltung eignen sich Niedervoltleuchten, für die ein breites Spektrum an energiesparenden 12-Volt-Halogen-Leuchtmitteln zur Verfügung steht: 10 bis 50 Watt bei einer Ausleuchtung von schlanken 8 Grad als Spotlight bis 60 Grad als breites Floodlight. Die Leitungen für Niedervoltleuchten werden über einen Trafo an das 230-Volt-Erdkabel angeschlossen. Bei dieser Inszenierung kommt es nicht allein auf viel Licht an, sondern auf das abwechslungsreiche Spiel von Hell und Dunkel, das dem Garten zu mehr Volumen verhilft. Ingenieurbüro für Lichttechnik Rüdiger Noelle, 24576 Hitzhusen, www.nightscaping.de.

Garten-Design Henk Weijers (†), Haarlem, NL
Ort Ramelsloh, D

Für alle Sinne

Kupfer ist ein sehr gefragtes Metall. Auf dem Weltmarkt werden zur Zeit Höchstpreise geboten. Und auch im Garten tritt Kupfer aus dem Schatten von Wasserspielen und Wetterhahn heraus. Kupfer kann sich von seiner glänzenden Seite zeigen. Es hat nicht nur praktische Qualitäten, sondern präsentiert sich ebenso gut von seiner optischen Seite. Warum Kupferrohre nicht einfach unter einem dekorativen Aspekt zeigen, wenn das Metall solch wunderbare Leuchtkraft hat?

Der Garten

Wenn der um vier Stufen tiefer gelegte Garten so genutzt wird, wie es der Garten-Designer geplant hat, dann ist es ein Garten der vier Elemente Feuer, Wasser, Luft und Erde. In dem Rondell im Hintergrund ist der Platz zum Grillen vorgesehen. Sechs bis acht Personen können rund um die Feuerstelle bequem Platz nehmen. Ein Mäuerchen aus Yorkshire-Sandstein bietet eine weitere Sitzmöglichkeit. Daneben spielt Wasser eine große Rolle. Es ist sogar ein bestimmendes Element innerhalb des Gartenareals. Für das feuchte Element sind zwei Ebenen vorgesehen. Im Vordergrund ist das höhere Plateau zu erkennen, auf dem Niveau des gesamten Grundstücks. Das Wasserbecken wird fast durchgehend von Mauern gehalten, die mit gesägten Sandsteinplatten abgedeckt sind. Auf einer Länge von zwei, drei Metern öffnet sich diese Abgrenzung und wird durch eine Wand aus Kupferplatten ersetzt. Über diese fließt das Wasser hinunter auf die untere Ebene des Patios. Damit nicht genug. Mitten in dem unteren Wasserbecken steht innerhalb einer Insel ein Olivenbaum! Auf ein bisschen südliche Stimmung wollte der Garten-Designer nicht verzichten. Bleibt die Luft als drittes Element, das ausreichend zur Verfügung steht, und schließlich die Erde in den Beeten ringsum, in der sich Sträucher und Blütenstauden wohlfühlen. Und die sieben Kupferrohre (insgesamt sind es neun), die die Spiegelung der Wasseroberfläche unterbrechen, sind ein liebenswürdiger Kontrast und eine strenge Komponente als Antwort auf die weißen Mauern.

Kupfer

Das erste Metall der Menschheit (seit ca. 8000 Jahren wird es verwendet) kommt in der Natur in unterschiedlichen Konzentrationen vor. Die Römer nannten es das „Erz von Zypern“, wo es damals intensiv abgebaut wurde. Kupfer kann in allen Bereichen der Installationstechnik eingesetzt werden, von Trinkwasserleitungen über Gas- und Ölleitungen bis zu Regenfallrohren am Haus. Unbehandelt oxidiert es bei feuchter Luft. Mit Klarlack lässt sich die Oxidation verhindern, zumindest verzögern. Durch das Anlaufen entstehen Verfärbungen von Rotbraun bis zu Anthrazitgrau. Kupfer wird mit anderen Metallen zu interessanten Legierungen. Bronze ist die bekannteste; sie entsteht durch eine Vermischung mit Zinn und verlieh sogar einer ganzen Epoche ihren Namen (etwa 1600–1200 v. Chr.). Und die Legierung aus Kupfer und Zink ergibt hartes, golden glänzendes Messing.

Garten-Design D. C. Duiker-Parker, GB
Ort Tatton Park, Knutsford, GB

Garden Art

Kunst im Garten ist wichtig, denn Künstlerinnen und Künstler sehen Freiflächen, Materialien und Pflanzen mit anderen Augen – vielleicht distanzierter als diejenigen, die sich professionell oder als Hobby mit einem Garten beschäftigen.

Konzept des „Vocabulum hortus – Villandry"
In Anlehnung an die Heckenornamente des Liebesgartens im Schlossgarten von Villandry an der Loire wird hier, anstelle von Buchsbaum, ein Ornament aus Anröchter Sandstein zum Zentrum eines Sandgartens, der mit einer blaugrünen Rabatte gerahmt wird. Frankreichreisende kennen wahrscheinlich das Schloss aus dem 16. Jahrhundert, das sich vor allem wegen seiner großartigen Gemüsegärten einen Namen gemacht hat. Hier werden Kohl, Salat und Zwiebel – farblich gekonnt abgestimmt – wie Blumenrabatten in große Quadrate gepflanzt. In den Liebesgärten, einem anderen, ruhigeren Parterre, sind mehrere Motive der Liebe in Form von brillant geschnittenem Buchsbaum dargestellt. Diese Ornamente sind für diesen Gartentyp nachempfunden worden und exakt als drei mal drei Meter großes Quadrat aus Sandstein gesägt und bearbeitet worden. In einem Raster erweitert sich das moderne Gartenparterre, ähnlich dem großartigen Vorbild an der Loire. Das Quadrat wird vergrößert: durch einen Streifen Sand, das 60 cm breite Steinplattenband, wiederum Sand und schließlich bis an den Rand der Gartenfläche durch ein Blumenbeet aus blaugrauen Gräsern und blaublühenden Stauden. So wird die Multiplikation einer solchen Formenwelt verdeutlicht. Der Betrachter schwankt hin und her zwischen der alltäglichen Funktion einer Sandkiste und der losgelösten Wahrnehmung der Plastikförmchen, die ebenso wie die Bepflanzung in Blau gehalten sind und die Sinnlichkeit in die gärtnerische Disziplin lenken. Zur Zeit blüht das Blauschwingelgras (*Festuca cinerea* 'Azurit' und 'Glauca'), später werden Ehrenpreis (*Veronica longifolia* 'Blauriesin'), Glockenblume (*Campanula cochleariifolia*) und *Salvia* 'Blauhügel' und 'Mainacht' hinzukommen. Barock und minimalistisch zugleich begegnen sich hier zeitgenössische Formen und Ornamente der Gartenkunstgeschichte. Der Garten wurde mit einem Sonderpreis ausgezeichnet.

Anröchter Grünsandstein

Der Stein enstand vor etwa 120 Millionen Jahren durch Ablagerungen im Urmeer in Anröchte, südöstlich des Münsterlandes. Fossile Korallen, Muschel- und Schneckengehäuse, die in dem Stein eingeschlossen sind, sind skurrile Zeitzeugen. Die außergewöhnliche Farbe des Sandsteins ist auf das Mineral Glaukonit zurückzuführen. Beim Abbau unterscheidet man grüne und blaue Bänke. Übrigens: Die handelsübliche Bezeichnung „Anröchter Dolomit" ist nicht zutreffend. Im „Hortus Villandry" wurden die Ornamente aus Anröchter Grünsandstein bildhauerisch bearbeitet, die Wegeplatten sind gestrahlt, das heißt mit Quarzsand behandelt, wodurch eine sandige Oberflächenstruktur entsteht. Natursteinvertrieb Schulte, Anröchte (www.schulte-naturstein.de).

Garten-Design Insa Winkler, Gerd Kunis, Kunst & Landschaft, Hude, D
Ort Park & Garden Country Fair, Stocksee, D

Garten-Lounge

Die Pergola ist out, es lebe die Lounge? Es gibt eine ziemlich eindeutige Stilrichtung, in der die romantischen Pavillons und Lauben im Garten von den klaren Linien eines offenen Gartenzimmers verdrängt werden. So wie sich die Architektursprache vieler Neubauten geändert hat, passen sich die Bauten innerhalb des Grundstücks an. Pflanzen gibt es ringsum genug, warum sollen die Rosen bis auf den Tisch ranken und Spinnen die – vorwiegend weiblichen – Gäste vergraulen? Mit Mücken hat man schließlich genug zu tun, wenn man am Abend bei Licht zusammensitzt.

Das Konzept

Dieser zeitgemäße Gartenraum ist einerseits ein Blickfang, weil er klare Konturen hat und über dem Garten, den Pflanzen zu schweben scheint, andererseits ist er praktisch und ideal für die ganz heißen Sommertage. Und es entsteht kein Problem, wenn ein Gewitterschauer droht oder sich die Abendfeuchtigkeit über den Garten ausbreitet. Dafür sorgt das Dach mit dem hellen, lichtdurchlässigen Schutz aus Plexiglas. Die Stahlkonstruktion ist so ausgeplant, dass man sich nicht eingeengt fühlt. Der Gartenraum ist mit 6,00 x 3,00 x 2,40 Meter Höhe großzügig bemessen. An einer Schmalseite ist er geschlossen. Ein wenig Rückwand braucht man schon zur Geborgenheit. Und die besteht, ebenso wie der Boden, aus portugiesischem Sandstein. Die drei Keramikskulpturen (Künstlerin: Mari-Ruth Oda) und die modernen Sitzmodule (Aqua Kollektion von Paula Lenti) unterstreichen die heutige Wohnlichkeit im grünen Bereich. Das ungewöhnliche Holz-Objekt davor zieht sich durch den ganzen Garten und verbindet ihn. Für das Thema „Gemeinsam sind wir stark" hat Andy Sturgeon die schwungvollen Umrisse entworfen und von dem Holzspezialisten Sixixis drei Eichenstränge in der Stärke 10 x 3 cm und jeweils 30 Meter Länge über Wasserdampf zu dieser Endlosform biegen lassen. Die Stauden werden zusammen mit der spannungsvollen Holzskulptur bald eine wohltuende Einheit bilden und die Gartenlounge ein wenig verdecken.

Die Pflanzen

Die dominierenden Gehölze des Gartens gehören zu den schönsten Gehölzen überhaupt: Der Pagodenhartriegel (*Cornus controversa*) fällt durch seine etagenförmig ausgebildeten Astpartien auf und jetzt im Juni mit seinen weißen Schirmrispen. Im Vordergrund umspielen mehrere Stauden die Holzskulptur. Die Nandine (*Nandina domestica*) neben dem herrlichen Blau des Steppensalbei (*Salvia nemorosa* 'Mainacht') und dem aparten Stacheligen Akanthus (*Acanthus spinosus*), dahinter stehen die Artischocke (*Cynara cardunculus*) mit dem silbergrauen Laub und Federgras (*Stipa arundinacea*). Die kleine Gruppe vor dem Gartenpavillon setzt sich aus Steppensalvien mit dunkellila Blütenrispen zusammen (*Salvia nemorosa* 'Caradonna'), der seltenen Akelei (*Aquilegia vulgaris* 'Black Barlow') mit den ungewöhnlich braunschwarz-violetten Blüten und wiederum Federgras (*Stipa*).

Garten-Design Andy Sturgeon, Brighton, GB
Ort London, GB

Die Eyecatcher

Angenehme Überraschungen sind gefragt. Doch im Garten wird dies viel zu wenig genutzt. Ruhe in dem grünen Bereich ist herrlich. Aber nur sanfte Rasenflächen und Rosen im Beet? Das kann manchen auch langweilen, der Abwechslung liebt. Ein Blickfang hier, ein Eyecatcher dort sollte schon sein, damit nicht Tristesse entsteht. Schließlich soll ein Garten anregen.

Der Garten

Pflanzgefäße als Hingucker? Warum nicht, wenn sie beispielsweise so aussehen. Diese zählen zu den ungewöhnlichsten, sowohl in der Form als auch im Material. Wie Eistüten oder Spitzentänzer beim Ballett, so leicht scheinen die Kegel, die im Boden stabil verankert sind, über dem kleinen Gartenplatz zu schweben. Und das schöne Material Kupfer: ungewöhnlich genug, aber wie reizvoll ist die Patina, die sich bereits nach kurzer Zeit auf der Oberfläche einstellt. Farblich passt sie sich sehr den rotlaubigen Pflanzen in der Nachbarschaft an (von links): Hänge-Blutbuche (*Fagus sylvatica* 'Purpurea Pendula'), Fächerahorn (*Acer palmatum* 'Fireglow') und Thunbergs Berberitze (*Berberis thunbergii* 'Red Chief'). Die Pflanzen für die Kupfer-Kegel sind die ideale Wahl: Das runde oder herzförmige Laub der Funkien (*Hosta* 'Big Daddy') in schönem Blaugrün bildet einen wohltuenden Kontrast. Schließlich sind die Gefäße mit dem gleichen Kies gefüllt bzw. ist ihre Erde bedeckt, der auch als Deckschicht für den Weg verwendet wurde. Das ist professionell.

Garten-Design	James Dyson, Jim Honey (Gardenvista), Hove, GB
Ort	London, GB

Gesundheitsreform

Die Sauna bekommt Konkurrenz. Wer seinen Gesundheitszustand noch weiter verbessern möchte, sucht nach Ergänzungen zum täglichen Fitnessprogramm. Der Saunagang gehört bereits dazu. Aber eine Massage im Whirlpool draußen in frischer Luft und direkt im eigenen Garten? Das ist Wellness pur und ein Trend, der nachvollziehbar ist. Ausgangsbasis für die Anschaffung eines Whirlpools ist häufig ein Urlaubsvergnügen im Spa eines Hotels. Aber wer ein Original-Spa erleben möchte, reist am besten in den belgischen Badeort namens Spa. Der hat schon seit dem 16. Jahrhundert wegen seines Heilwassers einen guten Namen. Die Engländer gehörten zu den ersten, die dies zu schätzen wussten.

Der Garten

Die Terrasse einmal anders, sozusagen als Aktivplatz. Noch ist ein Whirlpool im Garten eine Seltenheit, aber das kann sich ändern. Wie dieser Entwurf zeigt, lässt er sich auch in ein kleines Grundstück integrieren. Der Garten ist wie ein Atriumhof gestaltet, in dem fast die gesamte Fläche zu begehen ist. Nur in Randbereichen und „Inseln" wie vor dem Wintergarten ist Platz für Sonne liebende Stauden vorgesehen und südliche Flora in Form von Rosmarin und Salbei neben rustikalen Sitzsteinen. Großzügige Flächen, die mit Granitplatten verschiedener Länge belegt sind, vermitteln trotz des begrenzten Raumes Weite. Platz genug, um hier Tisch und Sessel zu gruppieren. Und mittendrin wurde der Belag gewechselt – vom praktischen Steinboden betritt man nun eine Holzebene mit einem runden Whirlpool im Zentrum.

Der eigentliche Bade- und Wellnessbereich hat die Umrisse einer Ellipse, die diagonal in den Gartenraum gelegt wurde. Eine ansprechende Idee, den Aufenthalt im Garten spannender zu gestalten. Und während man sich von den Jetdüsen unter Wasser im Sitzen massieren lässt, tut man viel für sein Wohlbefinden und auch für die Gesundheit. Und nach dem Gang ins runde Bad kann man sich unter die Gartendusche stellen, deren Wasser durch Sonnenenergie über Solar-Module erwärmt wurde.

Der Whirlpool im Garten

So reizvoll es klingen mag, über einen eigenen Wellnessbereich und ein „Bassin mit sprudelndem Wasser", einen Whirlpool, im Garten verfügen zu können, so gut muss der Standort bedacht sein. Der Vergleich mit der beliebten „Hollywoodschaukel" drängt sich auf. Sie ist nur dann ein schöner Anblick, wenn sie benutzt werden kann, aber nicht, wenn sie abgedeckt ist. Und ein Whirlpool wird auch nach der Benutzung abgedeckt ... Deshalb sollte der Bereich nicht unmittelbar vor den Wohnraum eingeplant werden, sondern etwas abseits. Das Wasser bleibt auch im Winter eingefüllt, weil der Bade-Massagespaß bei Kälte besonders groß ist. Um das circa 36 Grad warme Wasser sauber und klar zu halten, muss u. a. der pH-Wert alle ein bis zwei Tage kontrolliert werden. Am besten wäre eine automatische Dosieranlage. Infos: Pichler Kunststofftechnik, Eggenfelden, www.pichler.de.

Garten-Design John Everiss und Peter Gregory, GB
Ort Cirencester, GB

Im grünen Bereich

Bambus erobert den Westen. Sowohl als lebende Pflanze als auch in Form von Massivholzmöbeln, Parkettmaterial, vielleicht bald als vielseitiges Material auf dem Baumarkt. Niemals war das Angebot umfassender als heute und selbst Blüteperioden und das Absterben von Bambusarten haben der Vorliebe für die schönen, immergrünen Gräser mit dem sanften Schwung der Halme kein Ende gesetzt. Vielleicht ist das Interesse an Bambus durch die „geheimnisvolle" Blüte und den Verlust der Pflanzen verstärkt oder erst geweckt worden.

Der Garten

Dieser kleine Gartenausschnitt auf Gut Stockseehof dient als werbende „Außenstelle" für den Botanischen Garten Hamburg, da sich dieser für Bambus stark einsetzt und zudem die Anlagen eines klassischen Chinesischen Gelehrtengartens plant. Mittelpunkt des Gartens (Ø 7 Meter) ist ein außergewöhnlich gestalteter großer Quellstein aus Anröchter Sandstein (Qi-Objects, Braunschweig, www.qi-ojects.de). Er hat die Maße von ungefähr 2,00 x 0,95 x 0,80 Meter und wiegt etwa 2,8 t. Aus einer Vertiefung auf der linken Seite sprudelt das Quellwasser, um dann über eine schräg modellierte Rinne vorn am Stein hinunterzulaufen und zwischen kleinformatigen Platten zu verrieseln. Es handelt sich hier um einen künstlichen Wasserkreislauf, der durch eine elektrische Umwälzpumpe betrieben wird. Im vorderen, dem rechten Teil des Steines ist eine große, durchgehende Öffnung gebohrt worden. Hier wächst ein Fächerahorn (*Acer palmatum*) heraus. Den Rahmen des Gartens bildet sechs Meter hoher Bambus (*Phyllostachys aureosulcata* 'Spectabilis') mit goldgelben Halmen, die grün gezeichnet sind. Bereits im 25-Liter-Container bildet er markante Solitär-Pflanzen. Vorn als Begleitung des Zugangsweges zum Brunnen wächst Zwergbambus (*Sasa pumila*), der immer wieder gestutzt werden muss. Die gesamte Gartenfläche ist mit Granitsplitt bedeckt, aus dem die Halme dekorativ sprießen. Verdeckt sind die 70 cm tiefen Rhizomsperren aus PEHD-Folie, die verhindern, dass sich der Bambus weiter ausdehnt als geplant. Ausführung: Garten + Raum, 23845 Seth; www.gartenundraum.de. Tipp: Dieser Garten ist ebenso wie „Garden Art" und „Skandinavien kommt!" während des Sommers zu besichtigen (www.stockseehof.de).

Bambus-Infos

- Ein umfangreiches Angebot an Bambus bieten: BambusCentrum Deutschland, Saarstraße 3–5, 76532 Baden-Baden, www.bambus.de/eberts; Bambus-Informationszentrum, Ramhorster Straße 2, 31275 Lehrte-Steinwedel, www.bambus-info.de. Diese Gärtnerei belieferte auch den Garten.
- Bambus zum Anschauen: Botanischer Garten Hamburg, Ohnhorststraße 18, 22609 Hamburg.
- Bambus aktuell: „Bambus Journal" für Mitglieder der Europäischen Bambus Gesellschaft (EBS) erscheint 4-mal pro Jahr; Tel. 01 72-6 64 42 90, info@bambus-deutschland.de.

Garten-Design	Ulrich Timm, Hamburg, D
Realisation	Qi-Objects, Braunschweig, D; Simon Herda, Garten + Raum, Seth, D
Ort	Park & Garden Country Fair, Stocksee, D

Nichts für Spieler

Schach hat eine lange Geschichte. Die Vorläufer gab es in Indien. Das eigentliche Königliche Brettspiel stammt wohl aus dem Persischen und gelangte im Mittelalter über die arabischen Staaten nach Europa. Mit dem Spiel wurde das Brettmuster entwickelt. Es ist ein geometrisches Ornament, das aus 64 Quadraten besteht. Allerdings variiert bzw. alterniert ihre Farbe. Standard sind Schwarz und Weiß, aber alle dunklen und hellen Nuancen sind ebenfalls geeignet. Hin und wieder findet das große Spielfeld eines Gartenschachs seine Anhänger. Da wird nicht gegenüber am Tisch gespielt, die Figuren auf dem begehbaren Feld (meist handelt es sich um Beton- oder Natursteinplatten oder auch Kunststofffelder, die ineinander gehakt werden) sind annähend halb so groß wie die Spieler.

Das Konzept

Die Gärten des Château du Rivau an der Loire waren schon immer bemerkenswert, schon gleich im 16. Jahrhundert. Gepflegt wurde vor allem der Gemüsegarten, der „potager". Der heutigen Besitzerin, der Künstlerin und Gartenarchitektin Patricia Laigneau, war es wichtig, die Schlossgärten nicht nur in der alten Tradition zu erhalten, sondern etwas Modernes hinzuzufügen. Deshalb legte sie einen Blumengarten im Schachbrettmuster an. Es ist der Platz, an dem früher Gebäude standen, die den Vorplatz des Schlosses einfassten. Nun aber ein Schachbrettmuster, das in mittelalterlicher Tradition steht und damit zu den Anfängen des Schachspiels passt, aber modern interpretiert ist. Anstelle der 64 Felder hat sie sich auf 56 beschränkt. Dafür sind die Felder auch größer als normal, nämlich 1,50 x 1,50 Meter und mit Kanthölzern eingerahmt. Das bedeutet Platz genug für Englische Strauchrosen von David Austin. Nur 20 Felder sind mit jeweils drei Rosen bepflanzt, die sich durch die Blütenform Historischer Rosen, einen intensiven Duft und vor allem eine sommerlange Blüte auszeichnen. (Die alten Rosensorten dagegen blühen meist nur einmal im Jahr.) Alle Rosenfelder sind mit hellem Mulch, der beim Auslichten und Rückschnitt der Bäume und Sträucher im Winter und Frühjahr anfällt, etwa 10 cm stark abgedeckt. So bleibt die Erde feucht, das Unkraut bleibt zurück und die Felder heben sich gut von den anderen Quadraten ab, die mit Rasen eingesät sind oder mit Lavendel und Stauden bepflanzt. Das ist der Reiz dieses Schachbrettmusters. Es bietet eine hübsche Struktur, die beliebig variiert werden kann. Allerdings ist es pflegeaufwendig. Die Konturen der quadratischen Formen müssen ja stets sichtbar bleiben!

Tipp

Wer das Spiel mit dem Schachbrettmuster konsequent in seinem Garten ausleben möchte, bepflanzt einen Teil der Felder mit Zwiebelblumen, und zwar mit der Schachbrettblume (*Fritillaria meleagris*), einer Verwandten der Kaiserkrone. Die hübsche, bis 25 cm hohe Zwiebelblume mit den gleichmäßig, wie ein Schachbrett, gemusterten Blütenglocken ist zu Recht im Trend und das Richtige für nicht zu sonnige Standorte, die im Sommer eher feucht bleiben.

Garten-Design Patricia Laigneau, Lémeré, F
Ort Château du Rivau, Lémeré, F

Schachbrettmuster sind immer schön. Ob groß oder klein, drinnen oder draußen – das klare Muster des typischen Rasters kann nicht verfälscht werden – und es beruhigt.

Reif für die Meditation

Gartenentwürfe dürfen ruhig mal das Maß des Üblichen überschreiten. Warum nicht einmal ungewohnte Materialien verwenden, um eine unerwartete Stimmung entstehen zu lassen? Ein Garten kann dann zu Meditation anregen. Und wenn seine Besucher Muße mitbringen, kann das sogar in einem Garten innerhalb einer Ausstellung gelingen. Und das Medium? Viel Glas! Geschreddertes natürlich.

Der Garten

„Desert sea", also Wüstenmeer, nennen die beiden Amerikaner ihren Garten, doch ist er viel mehr als das. Hauptsächlich liegt es an Andy Cao, dem gebürtigen Vietnamesen, der in den Arbeiten seine Eindrücke aus seiner Heimat während seiner Kindheit einarbeitet. Für diesen Garten ließen die beiden mehrere Kilometer Manilaseil und tonnenweise Glas in Form von recycelten Glassteinen und Glasblasen an die Loire verfrachten. Aus dem Seil entstanden zwei Meter hohe Wände als Kulisse. Diese bilden einen Gartenraum, in dem sie eine Miniaturlandschaft einrichteten: eine Insel – mit dornigen Kakteen bepflanzt – inmitten von leuchtend blauem „Wasser". Im Wasserbecken stehen Glaskugeln – auf ebenfalls seilbespannten Sockeln, die mit Echeverien und Kakteen bestückt sind, eine Erinnerung an vietnamesische Wasserpuppen. Der gesamte Entwurf reflektiert den Trockengarten am Tempel Ryoan-jin in Kyoto. Übrigens waren die beiden Designer die ersten, die in buntem Glas ein künstlerisches Medium für kontemplative Orte sahen.

Garten-Design Andy Cao, Stephen Jerrom, Los Angeles, USA
Ort Festival des Jardins de Chaumont-sur-Loire, F

Renaissance des Knot Gardens

Knotengärten, wie sie manchmal auch in deutscher Übersetzung genannt werden, bergen etwas Besonderes, etwas Geheimnisvolles und überraschen immer: ihre Muster, die duftenden Pflanzen, ihre sparsame Auswahl und das Geheimnis, wie die niedrigen Hecken miteinander verwoben und „verknotet“ sind. Vielleicht verblüfft es auch nur, dass ein schönes Ornament, wie es von Gobelins bekannt ist, dreidimensional aus kleinen Hecken dargestellt wird. Einen der schönsten Knot Gardens der neueren Zeit hat die große Garten-Designerin Rosemary Verey (†) für ihren berühmten Garten in Gloucestershire, England, geplant und angelegt. Heute gehört dieses Schmuckstück zum Luxushotel „Barnsley House“.

Der Garten

Die Idee für einen Knot Garden fand die neue Eigentümerin des Schlosses an der Loire in den Unterlagen aus der Entstehungszeit von Château du Rivau, der Zeit der Renaissance (etwa 1400 bis etwa 1600). Obwohl dieser Gartentyp aus dieser frühen Zeit stammt, wirkt er heute ganz modern, gibt dem Schlossgarten ein „Extra“ und ist damit eine zeitgemäße Erneuerung. Patricia Laigneau erkannte, dass ein Knot Garden absolut moderne Züge tragen kann. Die Bepflanzung hat sie grafisch angeordnet, die Auswahl der Pflanzen absolut minimalistisch gehalten. Und die Art der Bepflanzung ist durchaus künstlerisch, was ihrer Profession als Künstlerin (später studierte sie Gartenarchitektur) entgegenkommt. Hier im französischen Schlossgarten kamen nur Echter Lavendel (*Lavandula angustifolia* subsp. *angustifolia*) und das silberblättrige Heiligenkraut (*Santolina chamaecyparissus*) zum Einsatz, die zu einem zeitlos schönen Teppichmuster in den Kiesplatz gepflanzt wurden. Das Spiel der Grüntöne ist sehr reizvoll, ob nun der Lavendel wie hier in Knospe steht oder in voller Blüte. Anders Rosemary Verey, sie verwendete damals vier verschiedene Pflanzenarten: Grüner und Gelber Buchsbaum (*Buxus sempervirens* 'Suffruticosa' und 'Aureovariegata'), Heiligenkraut (*Santolina chamaecyparissus*) und Gamander (*Teucrium* × *lucidrys*).

Die Geschichte des Knot Gardens

Dieser Gartentyp, bei dem sich niedrig bleibende Hecken in geometrischen und symmetrischen Formen „verknoten“, war im 16. Jahrhundert sehr geläufig und wurde in den Parks von Landhäusern und Schlössern verwendet. In England wurden sie „Knot Gardens“ genannt, in Frankreich hießen sie „parterres de broiderie“. Ihre Motive entstammten häufig den Mustern von Stickereien und Gobelins, nicht selten wurden die Familienwappen in die Gärten übertragen. Während Knot Gardens heutzutage vorwiegend aus optischen Gründen angelegt werden, gab es früher vielmehr medizinischen Anlass. Es wurde Buchsbaum mit Lavendelfeldern kombiniert, dazu Thymian und Bohnenkraut gesetzt und das Ganze von einer niedrigen Eibenhecke umschlossen. Richtig arrangiert sollte solch ein kleines Stück Heckengarten die Menschen in Einklang mit dem Kosmos versetzen.

Garten-Design Patricia Laigneau, Lémeré, F
Ort Château du Rivau, Lémeré, F

Transparenz

Das ist ungewöhnlich, eine Trennwand innerhalb eines Gartens zu errichten. In diesem Areal ist es durchaus logisch und sie soll keinesfalls eine unüberwindliche Hürde darstellen. Das Gegenteil ist gewünscht. Deshalb besteht sie aus satinierten Plexiglasscheiben, die durch Sandstrahlung eine matte, fast samtige Oberfläche erhalten haben. Und die Durchgänge dürfen benutzt werden!

Der Garten

Das ist ein spannender Themenansatz: Zwei Gärten in einem und das Konzept berücksichtigt darin zwei deutsche Gärten, einen mit östlicher Prägung, den anderen in dem westlichen Stil. Das ist ein wenig klischeehaft, aber hat durchaus realistische Züge. Eine Art feststehender Paravent verhindert die „Einheit" der beiden Bereiche. Zwei mal zwei Meter große Alurahmen sind mit 5 mm starkem, durchschimmerndem Plexiglas ausgestattet und mit 80 cm Abstand montiert. So kann man nur schemenhaft erahnen, was auf der anderen Seite zu sehen ist. Die Spannung erhöht sich, wenn Silhouetten sichtbar werden, Äste oder Zweige auf den Glaswänden ihre Schatten werfen. Und das Erstaunen ist groß, wenn man durch eine der Öffnungen tritt: Die Aufteilung ist ähnlich, aber die Bepflanzung zeigt deutlich die Unterschiede. Auf der rechten „Westseite" des gemeinschaftlichen Gartens (im Foto vorne) wachsen ausschließlich Pflanzen, wie verschiedene Gräser und Stauden, die hübsch blühen und in jedem Fall attraktiv sind. Das sind (von links) Engelshaar (*Stipa tenacissima*), Nelkenwurz (*Geum coccineum* 'Borisii'), Bartiris (*Iris barbata*) und dazu als Solitär ein Essigbaum (*Rhus typhina*). Im Ostgarten, jenseits der Trennlinie, findet sich vor allem Essbares, wie Küchenkräuter, Salat und Spargel. Und als Solitärbaum wurde eine Quitte gewählt.

Die Pflanzen im „Ost"-Garten

In Reihen gepflanzt: Reitgras (*Calamagrostis × acutiflora* 'Karl Foerster'), Mädchenauge (*Coreopsis tripteris*), Schönaster (*Kalimeris incisa*), Spargel, Salat mit Oregano (*Origanum vulgare* 'Aureum'), Schnittlauch, Petersilie, Silberner Rainfarn (*Tanacetum niveum* 'Jackpot'), Weinraute (*Ruta graveolens* 'Jackpot Blue'), dann Ysop und abschließend noch etwas Blühendes: *Tagetes*.

Die Pflanzen im „West"-Garten

Parallel dazu auch in Reihen gepflanzt: Sonnenbraut (*Helenium* 'Baudirektor Lange'), Rutenhirse (*Panicum* 'Hänse Herms'), Sonnenhut (*Rudbeckia deamii*), Federborstengras (*Pennisetum compressum*), Prachtkerze (*Gaura lindheimeri*), Sommermargerite (*Leucanthemum maximum* 'Christine Hagemann'), Federborstengras, Silberkamille (*Anthemis tinctoria*), Knautie (*Knautia macedonica*), Engelshaar (*Stipa tenacissima*), Storchschnabel (*Geranium* 'Jolly Bee'), Schleierkraut (*Gypsophila* 'Rosenschleier'), Bartiris, Nelkenwurz (*Geum coccineum* 'Borisii').

Garten-Design Petra Pelz, Magdeburg, D
Ort Park & Garden Country Fair, Stocksee, D

Index

Index

Index

Liebe Leserin, lieber Leser,

Sie werden bemerken, dass viele meiner Fotos in diesem Buch aus Garten-Shows stammen. Der Grund dafür ist, dass viele Garten-Veranstaltungen, vor allem die Chelsea Flower Show, eine wichtige Plattform für Garten-Designer sind, um ihre neuesten Kreationen der Öffentlichkeit vorzustellen. An dieser Stelle möchte ich Lynn Beddoe, Hayley Monckton und das RHS Press Team in London sowie Nancy Collantine, Laura Sullivan und das Team Fido PR in Manchester erwähnen und ihnen für die Hilfe danken, die sie uns Gartenfotografen während der stressigen Zeit der Shows geben. Natürlich geht ein großer Dank auch an die vielen Garten-Designer, mit denen ich über viele Jahre hinweg die Freude hatte zu arbeiten. Ob weltbekannt oder neu und jung, sie alle inspirieren mich jedesmal mit ihren Ideen. Zuletzt geht auch ein großer Dank an meinen Autor und Freund seit über 30 Jahren, Ulrich Timm, der durch seine zahlreichen Veröffentlichungen Gärten und Gärtnern in Deutschland wieder populär gemacht hat.

Gary Rogers

Hamburg, den 15.09.2007

Dank

Autor, Fotograf und Verlag danken den Gartenbesitzern, Garten-Designern, den Landschaftsarchitekten, Künstlern und den Firmen für Garten- und Landschaftsbau, die durch ihre Unterstützung und gute Arbeit zum Gelingen dieses Buches beigetragen haben. Ein besonderer Dank gilt der Royal Horticultural Society, London, die vielen Garten-Designern jährlich mit drei Ausstellungen eine öffentliche Plattform bietet, ihr Können zu beweisen und Trends vorzustellen: Chelsea Flower Show, Hampton Court Palace Flower Show und Flower Show Tatton Park. Anerkennung gilt auch den jährlichen Veranstaltungen in Deutschland: Ippenburger Gartenfestival in Bad Essen und Park & Garden Country Fair in Stocksee.

Für die unermüdlichen Bemühungen um die außerordentliche Qualität dieses Buches danken wir unseren Mitarbeitern Johanna Hänichen, Ilona Schyma, Vanessa Peters, Justyna Krzyzanowska, Claudia Wester und Claudia Wilke. Besonderer Dank für den persönlichen Einsatz gilt Siegfried Huck und seinem Team, Klaus Fischer und dem Team von Wesel Kommunikation Baden-Baden und VVA Kommunikation Düsseldorf für die fachliche Unterstützung und die Geduld beim Ringen um ein einzigartiges Druckergebnis.

Originalausgabe Becker Joest Volk Verlag

2. Auflage März 2009

ISBN 978-3-938100-25-7

Text Ulrich Timm

Fotos Gary Rogers

Foto auf Seite 25 Marion Nickig | *Foto auf Seite 37* Ferdinand Graf Luckner | *Foto auf Seite 55* Friedhelm Hellenkamp | *Foto auf Seite 57* Ute Wittich | *Foto auf Seite 59* Ralf Joest | *Fotos auf den Seiten 85 und 121* Hans Fahrion | *Foto auf Seite 143* Petra Pelz

Typografische Gestaltung nach der Konzeption von Karin Girlatschek, Hamburg

Layout, Satz, Bildbearbeitung, Lithografie, Lektorat
MAKRO CHROMA Joest & Volk OHG, Werbeagentur, Hilden

Druck Wesel Kommunikation Baden-Baden,
VVA Kommunikation Düsseldorf

Hilden, den 29.12.2008